岡本梨奈の 改訂版 1冊読むだけで 漢文の読み方&解き方が面白いほど身につく本

オンライン予備校「スタディサプリ」講師
岡本 梨奈

＊この本には「赤色チェックシート」がついています。
＊この本は、小社より2019年に刊行された
『岡本梨奈の　1冊読むだけで漢文の読み方＆解き方が面白いほど身につく本』の改訂版です。

はじめに

これ一冊で漢文の読解方法が手に入る！　漢文の知識がゼロからでも大丈夫！


「漢文って、漢字だらけで変な記号がくっついていて、見た目からして難しそうで拒否反応が出てしまう」

「いくつか句法を何度も唱えて覚えたけど、なぜか問題が解けない」

　こんな悩みを抱えている人、たくさんいますよね。

「漢文なんて、とりあえず使役とか反語の句法やればいいんでしょ？」と思っている人も多いのですが、句法だけを丸暗記で覚えたとしても、なかなか問題が解けないのは当然です。

　じつは、**漢文で大事なのは句法だけではありません**。

　もちろん句法もとっても大事です。でも、それだけではないのです。

　土台となる「語順」などの基礎知識をきちんと理解していないと、漢文は正しく読めません。反対に、語順をきちんと理解すればカンタンに解けてしまう問題もあるくらいです。ですが、なぜか「句法」ばかりが重要視されてしまい、それらを流してしまう人が多いため、設問になっている部分が正しく解釈できず得点できないのです。

　この本の「第1部　基本編」では、「句法」も当然しっかり学習しますが、その前に基礎知識や語順、置き字などの読み方の「土台」をしっかり固めることができるようにしています。そして、続く「第2部　実践編」では、問題を解くときに、どこに注目し、どうやって正解を導くのかをお伝えします！　**きちんと段階を踏んで、「読み方」⬇「解き方」の両方が効率よく学べる構成になっている**のです。

この本の**例文のほとんどは、実際の入試問題の文章から抜粋しています**。「例文はなるべくわかりやすい簡単なものを」という考えも一理あるのですが、実際の入試漢文は、そういう例文のような易しい文ばかりで構成されているわけではありません。簡単な例文に慣れすぎてしまうと、実際の入試漢文を見た場合に、「やっぱり難しい、無理！」となってしまいます。よって、基本を学びつつ、例文で実際の入試の文章にも触れて、自然と実践問題に取り組む力がつくように構成してあります。

現段階で漢文の知識がゼロの人でも大丈夫。ただし、漢文を学習するためには、古文文法の知識が必要です。古文文法ができていない人は、まずは古文文法を仕上げてください。

この本は、「ゼロのレベル」⬇「**GMARCH、関関同立、南山大などの私立大上位校**や、**国公立大中堅校の合格レベル**」まで引き上げる一冊です！　漢文が得点源の科目になるよう一緒に学んでいきましょう！

KADOKAWAの細野翔太さま、いつもご尽力くださり本当にありがとうございます。改訂版のために新たにとてもすてきなカバーイラストを描き下ろしてくださった上条衿先生、かわいい本文イラストを描いてくださった沢音千尋先生、校正でお世話になりました鼎さま、一梓堂の小野あい子さま、本当にありがとうございました。この本にかかわってくださった皆様、そして、たくさんのすばらしい本の中からこの本を選んでくださった皆様にも心から感謝いたします。

岡本《おかもと》　梨奈《りな》

改訂版　岡本梨奈の1冊読むだけで漢文の読み方&解き方が面白いほど身につく本

もくじ

第2部

実践編

本文デザイン：熊アート
本文イラスト：沢音　千尋
写真：筒井　信明・森本　隆士
帯写真：田中　達晃（Pash）

この本の特長

この本ってどんな本？

この本は、リクルート運営のオンライン予備校「スタディサプリ」などで活躍する岡本梨奈先生の授業と同じ明るく元気なノリで書かれた、**入試「漢文」対策書**です。漢文の知識ゼロの状態から使用可能ですが、みなさんがひととおり古文文法を学習したという前提で説明していますので、**古文文法の知識を固めてから**この本に臨んでください。

この本のねらい

この本は、「句法がわからない」という人だけではなく、「漢文に語順が存在することを知らない」「短くても白文がまったく読めない」という人が入試漢文を読み解けるようになることをめざしています。難しい説明やマニアックな解説は一切なく、**覚えるべきところと理解すべきところをハッキリ示し、入試に必要なことをシッカリ教えます。**

この本の構成

この本は大きく2部構成を採っており、「部」の基本単位は、〝読み、解くために学習すべきテーマ〟である【●時間目】で表されます。「第1部　基本編」は20テーマ、「第2部　実践編」は9テーマからなります。

● 「第1部　基本編」 ⬇ 漢文学習で、なぜか流されてしまいがちな「語順」の解説を最重視しています。また、漢文学習の要となる「句法」は〝**入試に出ているかどうか**〟という観点から選ばれているので、一部には少し難しいものも入っていますが、実際の試験で問われるので、最初は難しくても、何度も読んで理解してください。

●「第2部　実践編」➡　近年の出題傾向を詳細に分析したうえで最頻出の設問形式を厳選し、〝**入試問題を解く作法**〟をていねいに解説しています。また、【0時間目】では、知っておくと即得点に結びつく**中国思想の基本的な考え方**を説明しています。

テーマ内の構成

●「イントロ」➡　**問題を解くことに直結する実践的な知識・解法**を、岡本先生キャラと生徒キャラの掛け合いによって説明しています。例文は、少し難しいものもありますが、入試の典型的なパターンばかりです。また、文章だけが連続しないよう、**要点のまとめ**も多数掲載しています。

＊掛け合い中、実際の会話のようにくだけた表現にしている箇所がありますので、ご了承ください。

＊ルビ、送り仮名、書き下し文は歴史的仮名遣いで表記されています。一部のルビはわかりやすさを優先し、現代仮名遣いにしています。（例）わう➡おう／くわ➡か

●「例題」➡「イントロ」の内容を確認するため、近年の入試問題から、**力がつく良問**を選び抜いています（表記はなるべく入試問題そのままにしていますので、文末表現等はそろえていません）。解説では、〝**試験本番での再現性**〟に留意し、入試問題を見たときに働かせるべき思考回路に忠実な解き方を提示しています。

この本の対象レベル

●**共通テスト**「国語」の「漢文」で75～80％の得点率をねらう高校生・受験生

●**GMARCH**、**関関同立**、**南山大**などの**私立大上位校**合格をねらう高校生・受験生

●**偏差値50半ば**までの**国公立大中堅校**合格をねらう高校生・受験生

＊囲み内の構文についている返り点と、例についている返り点は必ずしも一致しない場合があります。

＊参考文献

『全訳 漢辞海 第四版』（戸川芳郎 監修／佐藤進、濱口富士雄 編）［三省堂］
『新版 漢文解釈辞典』（多久弘一・瀬戸口武夫 著）［国書刊行会］

第1部

基本編

ゼロ➡国公立大入試まで対応可に！
入試漢文に必要な土台を、固めましょう！

漢文の勉強をまったくしたことがないというゼロの状態の人でも、入試に必要な土台がすべて学べます。「基本編」ではありますが、国公立大入試にも対応できる力まで自然ときちんとつくように、根本の土台の部分を徹底的に仕上げるつくりになっています。「入試漢文を読み解くために大事なことは、句法だけではない」ということを実感していただけるはずです。句法も、丸暗記ではなくポイントをおさえるとラクに理解できますし、暗記しなくてもその場で解釈可能なものもありますよ。さあ、漢文を得点源にしていきましょう！

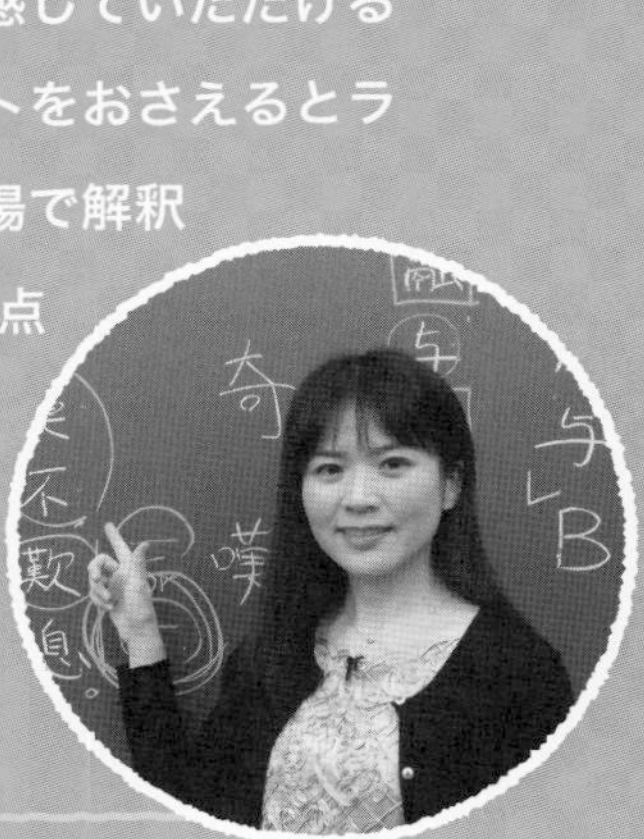

♪イントロ♪♪

「漢文」とは「中国語の古典」です。

実際こんなの ⬇ 例 我 非 生 而 知 道 者。

これだけ見ると、「あ、ムリ」って思ってしまいますよね。でも、安心してください。昔の日本のえらい人もコレを初めて見たときに、同じ気持ちになったはずです。そこで、その人たちが、自分たち日本人にも読みやすくなるようなルールを考えたのです。

じゃあ、そのルールを理解すれば、私にもその漢字だらけの文が読めるのですね！

そのとおり！ では、さっそくルールを学びましょう。

ルール1 **送り仮名をつける** ⬇ 漢字の**右下**に**カタカナ**で小さく書き込む

例 我 非ズ 生マレナガラニシテ 而 知ル 道ヲ 者ニ。

上から読んでいくと……「我非ズ生マレナガラニシテ而知ル道ヲ者ニ」……は？　意味不明なんですけど……。

そうですね、まだ何が言いたいのかよくわかりませんよね。よって、さらに工夫をしました。

ルール2　返り点（＝日本語の語順で読むための記号）をつける ➡ 漢字の**左下**に小さく書き込む

例　❶我 ❻非ズ二 ❷生マレナガラニシテ ✕而 ❹知ルレ ❸道ヲ ❺者ニ一。

「返り点の読み方」は【1時間目】で学習しますので、現段階で記号の意味はわからなくてかまいません。今は左横に、読む順番の数字を書いておきました。ちなみに、✕は読まなくてよい文字「**置き字**」で【4時間目】に学習します。

送り仮名も参考にして、横の数字の順に読んでいくと……「我生マレナガラニシテ道ヲ知ル者ニ非ズ」ですね。わかりやすくなってきた気がします。「私は生まれながらにして道を知る者に……」。最後の漢字が読めないです……。

そこで、最後のルールです！

ルール3 振り仮名をふってもOK！（ただし、なくてもよい） ⬇ 漢字の**右横の平仮名は振り仮名**

例 我 非《あら》ズ二 生マレナガラニシテ 而 知ルレ 道ヲ 者ニ一。

振り仮名を参考にして、送り仮名を平仮名にしてみると「我生まれながらにして道を知る者に非《あら》ず」って、コレ、古文ですね!? 意味は「私は生まれつき道理を知る者ではない」ですよね。

よくできました。では、用語や基礎知識の確認をしていきましょう。

最初の「**漢字だけの文**（＝我非生而知道者）」を「**白文**」といいます。ルール1の「**送り仮名**」とルール2の「**返り点**」を合わせて「**訓点**」といいます（句点や読点も含みますが、まずは「訓点」＝「送り仮名」と「返り点」のことだとおさえておきましょう）。「送り仮名」は日本の古典文法に従い、**歴史的仮名遣い**で書きます。このルールを決めたのは「昔の人」です。決めた当時の言葉を使っているのは、考えてみれば当然のことですよね。

つまり、**漢文を読むためには**「**古文文法**」も理解できていないとダメなんですね。

そういうことです。そして、「**漢字・仮名まじりの日本文に書き改めたもの**（＝我生まれながらにして道を知る者に非ず）」を「**書き下し文**」といいます。つまり、「（白文の）漢文を理解する」ためには、次の手順を踏むことが必要です。

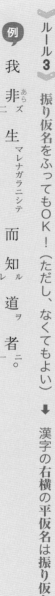

- 白文（＝中国語の古典）
  ⬅【**訓点**を利用】
- 書き下し文（＝日本語の古典）
  ⬅【**古文文法**を利用】
- 日本語で現代語訳

例

我非生而知道者。

⬅【我非ズ二生マレナガラニシテ而知ルレ道ヲ者ニ一。】

我生まれながらにして道を知る者に非ず。

⬅【「に＋あり」の「に」＝断定／ず＝打消】

私は生まれつき道理を知る者ではない。

もちろん現代語訳をするときに、古文文法の知識だけではなく、漢文特有の句法も知らないと訳せないので、それらもこれから一緒に学習していきましょう。ちなみに、入試漢文の本文には、ほとんど訓点がついていますよ。

そうなんですね！ それなら簡単そう！ あとは、漢字に全部振り仮名があればいいのになぁ……。

さすがにそこまで親切じゃないですね。あとね、ほとんど訓点がついているとは言いましたが、**問題となっている傍線部や解答にかかわるところが「白文」の場合も多い**のです。つまり、「白文」から自力で書き下せる力はやっぱり必要なのです。

希望の光がさっそく見えなくなっていく……。

大丈夫。きちんとルールがあるので、**そのルールを学習すると自力でできる**ようになりますよ。それらをこれから伝授していきます！ 一緒にがんばっていきましょう。

1
時間目

書き下し文・返り点

♪イントロ♪♪

書き下し文とは、「**漢字・仮名まじりの日本文に書き改めたもの**」でしたね。どのように書き改めるかは、次の手順で考えます。未学習の言葉もありますが、ひとまず目だけ通してみてください。

1 返り点（このあと学習）に従って順番に読む
2 置き字【4時間目】は書かない
3 漢字は漢字のままだが、助詞・助動詞として読む漢字は平仮名にする
4 漢字の右下の送り仮名を平仮名で書く
5 再読文字【5時間目】は最初の読みは漢字で、二度目の読みは平仮名で書く
6 平仮名は、日本の古典文法に従い歴史的仮名遣いで書く

次の 例 で確認しましょう。返り点（読む順番）はあとで学習しますので、今は横の数字を参考にしてくださいね。

例 有リ㆘献ズル㆓不死之《の》薬ヲ於荊《けい》王ニ㆒者㆖。

⑨ ⑦ ① ② ③ ④ × ⑤ ⑥ ⑧

「之」は助詞、「於」は置き字です。では、書き下し文はどうなりますか？

助詞は平仮名にするので、「不 死 之」じゃなくて「不死の」ですね。置き字は書かないから無視。数字の順に送り仮名を平仮名に直して書くと、「不死の薬を荊王に献ずる者有り」です。

正解！ ちなみに、意味は「不死の薬を荊の国の王に献上する者がいる」です。置き字や再読文字は、これから学習していくので、現時点では**例**を見て理解できればＯＫです。

次に「**返り点**」を学習します。返り点とは、「**日本語の語順で読むための記号**」ですね。記号のルールを確認していきましょう。説明文が難しければ、横の数字を参考にするとわかりやすいですよ。

1 **レ点** ⬇ すぐ下の一字から上の一字に返って読む

❷レ ❶

＊数字は読む順番。以下、同様。

2 **一・二点** ⬇ 二字以上返って読む。二点がついている文字は、一点がついている文字を読んでから次に読む

❸二 ❶ ❷一

3 **上・中・下点** ⬇ 一・二点をはさんで上に返って読む。**2**までは同じ。上点がついている文字を読んでから（⬇中）⬇下点がついている文字を読む

❺下 ❸二 ❶ ❷一 ❹上

4 **甲・乙・丙・丁点** ⬇ 上・中・下点をはさんで上に返る。**3**までは同じ。甲⬇乙⬇丙⬇丁点がついている順に読む

＊甲・乙・丙・丁点まで出ることはほぼないので、参考程度でOK

❼乙 ❺下 ❸二 ❶ ❷一 ❹上 ❻甲

5 **組み合わせ点** ⬇ 一レ、上レ、甲レのみ。組み合わせ点は、まずはレ点の読み（下から上に一字戻る）を優先してから、一⬇二や、上（⬇中）⬇下などの順に読む

＊甲レは参考程度

❶ ❺二 ❷ ❹一レ ❸ ／ ❻下 ❸二 ❶ ❷一 ❺上レ ❹

6 **二字の熟語へ返る** ⬇「二字連続」して下から戻って読む場合は、返り点をつけ、その二字を－（ハイフン）でつなぐ

❻三 ❶❹－二 ❺❷❸一

最初に読む文字は、上から順番に見ていき返り点がついていない文字です（再読文字【5時間目】やハイフンの二文字めは除く）。あとは、返り点のルールに従って読んでいくだけです。

わかったような気もしますが、まだ不安なので練習問題をしたいです。

よい心掛けですね。それでは、さっそく**例題**にチャレンジしましょう！ もし、難しくても、間違えても、解説を読んで理解できればＯＫなので、気楽に挑戦してみましょう。

例題

問1 次の〇の中に、返り点に従って、読む順番を数字で書きなさい。

(1) 〇レ〇二〇〇一

(2) 〇下〇〇中〇二〇〇一〇上

(3) 〇乙〇下〇二〇〇一〇上〇甲レ〇

(4) 〇二-〇〇〇一

(オリジナル)

問2 次の数字の順番に読めるように返り点をつけなさい。

(1) ❻ ❸ ❶ ❷ ❺ ❹

(2) ❼ ❶ ❻ ❹ ❷ ❸ ❺

(オリジナル)

問3 次の文を書き下しなさい。

(1) 軍中無シ二以ツテ為スレ楽ヲ。

(2) 常ニ以ツテレ身ヲ翼《よく》二-蔽《へい》ス沛公ヲ一。

(オリジナル)

問4 「有遺燕相国書者」は「燕の相《しょう》に国書を遣《おく》る者有り」と読みます。この読み方に従って、返り点を付けなさい。送り仮名を付けてはいけません。

〔注〕 燕……中国戦国時代の国名。　相……大臣。

有遺燕相国書者。

（学習院大）

問5 次の傍線部「訴王取其財物」は「わうのそのざいぶつをとるをうつたふるもの」と訓読する。返り点を記せ。（送り仮名は不要）

訴王取其財物百余人アリ。

（中京大）

例題 設問の解説

問1から確認します。自信がある人は先に解答（24ページ）で答え合わせをして、間違えた問題の解説だけ確認すればよいですよ。

(1)は上から順に見ていき、返り点がついていないのは三番目。よって、これを最初に読みます。次に四番目を見ると一点がついているので、これを読んでから二点がついている二番目を読みます。その上にレ点があるので、一番目に戻ります。つまり、❹レ❸二❶❷一 ですね。(2)も同じように考えてみてください。

最初に読むのは二番目で、返り点がついている文字は飛ばして、次が五番目。一点から二点に戻り、あとは上⬇中⬇下の順番なので……❼下❶❻中❹二❷❸一❺上ですね。

(3)も同様に、最初が四番目。一⬇二の次に上⬇下、甲レ点はレ点を優先して下を読んでから一字戻って甲⬇乙です。❽乙❺下❸二❶❷一❹上❼甲レ❻です。

(4)は返り点がないのは二番目だからこれを最初に読んで……。

ちょっと待って！　一番目の返り点、もう一度よく見てください。

あ！　ハイフンなので、あとで戻ってきて二字連続で読むから、これも飛ばさなきゃダメですね。よって、三番目を最初に読んで一⬇二点のハイフン＝そのまま二字連続。つまり、❸二-❹❶❷一ですね！

では、問2(1)を確認します。最初に読む❶までは何か返り点がつくので、慣れていない人は左下にひとまず○を書いておきましょう（❻○❸○❶）。❶⬇❷は下に続けて読むので、❶には返り点は不要ですね。よって、とりあえず×を書いておきます（❻○❸○❶×）。❷⬇❸は二文字以上返っているので❷に一点、❸に二点をつけます（❻○❸㊁❶×❷一）。❹⬇❺は、一文字上に返っているので❺に上点・❻に下点をつけますが、❺にはすでにレ点がついているので、上レ点にします。よって、❻㊦❸㊁❶×❷一❺㆖レ❹

です（テストでは、仕上がれば◯や✕を消して、返り点をきれいに書き直してくださいね）。慣れたら◯や✕ナシでもできますよ。

では、(2)も確認してみてください。

まずは❶までは◯（❼○❶）。❶⬇❷の間に❻・❹があるので、❶には✕、❻・❹は飛ばす＝返り点がつくから、ひとまず◯を記入（❼○❶×❻○❹○❷）。❷⬇❸は下に続けて読むから❷には✕。❸⬇❹は二字以上返っているので❸に一点、❹に二点をつける（❼○❶×❻○❹㊁❷×❸一❺）。❺⬇❻は一・二点をはさんで二字以上返っているので、❺に上点・❻に下点をつけて……あれ？　❼がさらに上にある!?　下から次に読むにはどういう記号をつけるんでしたっけ？

いいところまでがんばりましたね、あとひと息。❺⬇❻だけで完結して考えないで、大きな流れで把握してみるとよいですよ。❺⬇❻⬇❼と一・二点をはさんで返っていることがわかりますね。そんなときは「上・下」だけじゃなくて、間に何？

「中」ですね、「上・中・下」！　つまり、❺に上点、❻に中点、❼に下点をつけるのですね（❼㊦❶×❻㊥❹㊁❷×❸一❺上）。あとは、◯や✕を消せばできあがり。

問3は書き下し文ですね。両方とも、置き字や助詞・助動詞などは未学習のため入れていませんので、素直に返り点の順番に読んで、**送り仮名を平仮名にして書けばよい**ですよ。

(1)は「軍⬇中⬇以⬇楽⬇為⬇無」、(2)は「常⬇身⬇以⬇沛⬇公⬇翼⬇蔽」の順ですね。(1)はレ点、(2)はハイフンに気をつけてできましたか？

それでは問4です。実際の入試問題からの出題ですよ。返り点をつける問題なので、考え方は問2と同じです。設問文に「有 遺 燕 相 国 書 者」は「燕の相《しょう》に国書を遺《おく》る者有り」と読むとわざわざ書いてあるので、慣れていない人は、その読み方を参考に「有 遺 燕 相 国 書 者」の横に、読む順番を書いてみましょう。

「有❼遺❺燕❶相❷国❸書❹者❻」ですね。そうすると、「書」から「遺」に二字以上戻っているから、「書」に一点、「遺」に二点をつけて、それをはさんで「者」から「有」に戻るので、「者」に上点、「有」に下点をつければよいですね！

問5も実際の入試問題です。こちらも返り点をつける問題ですね。

でも、読み方が全部平仮名で、しかも歴史的仮名遣いで書かれているので、古文文法で学習した発音のルールも使って考えなきゃいけませんね。「a＋う」は「オー」（表記は「おう」）と発音するから、「わう」は「おう」、つまり「王」ですね。あと、「うつたふる」の「つ」は小さい「っ」で「うったふる」、つまり「訴ふる」だとわかりました。

バッチリです。では、まずは傍線部の漢字を利用して、読み方を漢字・仮名まじりに変換できますか。

はい。「王の其の財物を取るを訴ふるもの」ですね。でも、あれ……？　私は、「物」を「ざいぶつ」の「ぶつ」でとりましたが、「うったふるもの」にも「もの」があるから、「物」はこっち……？

同じように悩んだ人もいるかもしれませんね。傍線部の後ろも利用して文脈を考えると、「～訴えるものが百人余りいる」なので、この「もの」は「者」（人）ですね。そうすると、「物」は、ここでは素直に「財物」でとって、「訴えるもの（＝人）が百人余りいる」と考えて、先ほどの変換で問題なさそうですね。それでは問４と同じように、「訴王取其財物」の横に読む順番を書いてみましょう。

「訴❻王❶取❺其❷財❸物❹」ですね。そうすると、「物」から「取」に二字以上戻って、さらに「取」から「訴」に二字以上戻るので、「物」に一点、「取」に二点、「訴」に三点をつければよいですね。

正解です。平仮名だけの読み方がヒントとして与えられた場合は、このように古文文法の発音のルールも踏まえて、漢字・仮名まじりの読み方に直して考えるとわかりやすくなりますよ。

例題 設問の解答

問1

(1) ❹レ❸二❶❷一

(2) ❼下❶❻中❹二❷❸一❺上

(3) ❽乙❺下❸二❶❷一❹上❼甲レ❻

(4) ❸－❹二❶❷一

問2

(1) ❻下❸二❶❷一❺上レ❹

(2) ❼下❶❻中❹二❷❸一❺上

問3

(1) 軍中以つて楽を為す無し。

(2) 常に身を以つて沛公を翼蔽す。

問4
有㆘遣㆓燕相国書㆒者㆖。

問5
訴㆔王取㆓其財物㆒

例題 【書き下し文】・（現代語訳）

問3
(1)【軍中《ぐんちゅう》以《も》つて楽《がく》を為《な》す無《な》し。】（軍中で音楽を奏でる手段がない。）
(2)【常《つね》に身《み》を以《も》つて沛公《はいこう》を翼蔽《よくへい》す。】（常に自分の身体でかばって沛公を守り防いだ。）

問4
【燕《えん》の相《しょう》に国書《こくしょ》を遣《おく》る者《もの》有《あ》り。】（燕の国の大臣に国書を送る者がいた。）

問5
【王《わう》の其《そ》の財物《ざいぶつ》を取《と》るを訴《うった》ふるもの百余人《ひゃくよにん》あり。】（王がその〔＝私たちの〕財物を取ったと訴える者が百人余りいる。）

2 時間目

基本構造（語順）

♪イントロ♪♪

【1時間目】に「返り点」を学びましたが、「返り点」が必要なのは**日本語とは語順がちがう**からです。

それはわかりますが、「語順」ってそんなに大事ですか？　どうでもいいような……。

いやいや、とっても大事です！「漢文なんて『句法』だけ勉強すれば、なんとかなるでしょ？」と思っている受験生が多いのですが、「**語順」が理解できていないと漢文は正しく読めません。**

たとえば、次の例のAとB、とってもよく似ていますね。それぞれ訳せますか？

例
A　愛我。
B　我愛。

Aは「愛してるの、私」➡「好きなの、私……あなたのことを……」のような、照れ屋な女の子が思いきって告白したような感じ？　Bは「私、愛してます！」➡「私はあなたのことが好き！」みたいな直球勝負！　きっとそうね♪

いえ、ノリノリなところ申し訳ないですが、Aは全然ちがいます。先に正解をいうと、Aは「(誰かが)私を愛している」、Bは「私が(誰かを)愛している」です。

えっ!? じゃあ、Aの人は、照れ屋じゃなくて自信満々ですね。

自信満々かどうかはさておき、主語や目的語を取り間違えると、まったくちがう文脈になることがわかりますよね。「自分が誰かを好き」と「誰かが自分のことを好き」は、まったくちがいます。

この例は上下が逆転しているだけですが、その順番(=語順)が漢文を正しく解釈する決め手なのです。

それでは、まず基本的な語順を次の表で紹介します(あとで詳細を解説しますので、ざっと目を通すだけでOKです)。

1 S(主語)+V(述語)

2 S+V+O(目的語=〜ヲ)

3 S+V+於・于・乎+C(補語=〜ニ・ト・ヨリ(モ))
*この於・于・乎は置き字なので読まない。5・6も同様

4 S+V+C+O

5 S+V+O+於・于・乎+C

6 S+V+C_1+於・于・乎+C_2
*C_2は動作が行われる場所。

7 修飾+被修飾

1「**S＋V**」は簡単ですね！　日本語と同じだもん。

そうですね。念のために例で確認しておきましょう。**【　】**は書き下し文、（　）は訳です（以下同様）。

例

①臣聞ク。　【臣聞《しんき》く。】（私は聞いた。）

②味甘シ。　【味甘《あじあま》し。】（味は甘い。）

③宋清ハ薬市ノ人也。　【宋清《そうせい》は薬市《やくし》の人《ひと》なり。】（宋清は薬を売る人である。）

上から素直に読めばいいからラクですね。アレ？　Vは動詞じゃないんですか？

Vは「**述部**」と考えてください（わかりやすくなじみがあるVで表示しています）。よって、形容詞や形容動詞、名詞のときもあります。Vが「どうする」「どんなだ」の部分です（**2**以降のVも同様）。

あの……最初の日本語訳の「聞いた」の「た」はどこから出てきた訳ですか？

漢文では、「過去」や「完了」を漢字で特には表さないので、文脈にあわせて自由に訳に反映させてOKです（「タリ」などの送り仮名で表す場合もあります）。敬語などもそうですよ。

なるほど、納得です！　あと、もう一つ。Sの送り仮名の「ハ」の有無も自由なんですか？

基本的には①・②のようにナシでOKです。ただし、③のようにある場合もあります。では、**2**「**S＋V＋O**」。これは英語と似ていますね。

我愛你。
I love you.

です。「V」の下に一つのカタマリなら、基本的にはそれがOで、「ヲ」の送り仮名を送ります。

例 聖人ハ治ム二天下ヲ一。【聖人《せいじん》は天下《てんか》を治《おさ》む。】（聖人が天下を治める。）

＊Oの部分の言葉に「〜ヲ」の送り仮名を送って文意が通じない場合は、OではなくC（＝〜ニ・ト・ヨリ（モ））なので、100％ではありませんが、三つのカタマリ（＝構成要素）でできた文は、まず「SVO」から考えるのがコツです

Cの場合は3「S＋V＋於・于・乎＋C」のように、VとCの間に「於・于・乎」のどれかの文字があるのですね！

ちなみに、この於《お》・于《う》・乎《こ》は**置き字**➡【4時間目】なので読みません。書き下し文にも反映しませんよ。

例 王坐ス二於堂上一。【王堂上《おうどうじょう》に坐《ざ》す。】（王は堂の中に座る。）

＊先ほど述べたように、「S＋V＋C」となることもあります。

例 逃ゲテ匿ル二破廟一。【逃《に》げて破廟《はびょう》に匿《かく》る。】（逃げて荒れた廟に隠れた。）

さっきから気になるのですが、＊部分にあるように「S＋V＋O」が「S＋V＋C」になるならば、「S＋V＋於・于・乎＋C」も「S＋V＋於・于・乎＋O」になること、あるんですか？

はい。ただし、「S＋V＋於・于・乎＋O」はあまりありません。もしあれば「強意のはたらき」で、Oを強調しています。

う～ん……なんだか「S＋V＋O」も「S＋V＋C」もあるし、「S＋V＋於・于・乎＋C」も「S＋V＋於・于・乎＋O」もあるなら、けっきょく全部あるから、やっぱり語順なんてどうでもよくないですか？

たしかに訳して確認する作業は必要ですが、圧倒的に多いほうを知っておくことは、白文をより速く正確に読むために大事です。それを知らないで、毎回何だろうと考えながらいろいろ訳すより、たとえば、「**『於』があるからC**」と読めるほうが断然速いし、それでOKの可能性は高いわけですから。

たしかに毎回考えるのは面倒くさいですね。基本をしっかりおさえておきます！

では次に、一つの文にOもCも両方ある場合を見ていきましょう。**4**「S＋V＋C＋O」と**5**「S＋V＋O＋於・于・乎＋C」ですね。

「於・于・乎」の文字がない場合が「C＋O」で、あったら「O＋C」ですね。どっちがどっちか忘れてしまいそうです……。

たとえば、**3**「S＋V＋於・于・乎＋C」も於・于・乎の下にCがくるので、それとあわせて「**語順は於・于・乎の下はC**（が多い）！」と覚えておくとよいですね。

あとは、「桃太郎」の歌に「お～こし～につけた～、き～びだ～んご～♪」ってありますよね。あれの「お

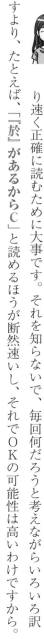

～こし～」の部分、「お～こし～」➡「おうこし～」➡「於《お》于《う》乎《こ》C」➡「あ！　**於・于・乎の下がCか**」と思い出す……とか♪

例で確認しておきましょう。

例

4　彼(S) 与(V)フ二 我(C)ニ 書(O)ヲ一。【彼我《かれわれ》に書《しょ》を与《あた》ふ。】（彼は私に書物を与える。）

5　伯牙(S) 学ブ二 琴(O)ヲ **於** 先生(C)ニ一。【伯牙《はくが》琴《こと》を先生《せんせい》に学《まな》ぶ。】（伯牙は琴を先生に学ぶ。）

訓点があるとわかりますが、白文のときに自力でどうやって考えるのですか？

たとえば「伯牙学琴於先生」のような白文の場合は、まず**Vにあたるものから探す**ことがポイントです。この場合、「V」と考えられるのは「学」ですね。そうすると、（副詞などはないとすれば）その上の「伯牙」が具体的に何かわからなくても、それがSだとわかります。そして、「学」の下を見ると、「琴」と「先生」という、少なくとも二つのカタマリがあることはわかりますよね？

ということは、Vの下に二つの構成要素があると考えて、「C＋O」か「O＋於・于・乎＋C」ね。「琴」と「先生」の間に「於」の文字があるから、これは「琴」＝O、「先生」＝C。「琴を先生に」にすればOK。全部あわせると「伯牙は琴を先生に学ぶ」。ホントだ！　**語順を考えれば白文からでも正しく訳せますね。**

もちろん、句法などの知識も必要ですが、語順の大切さもわかりましたね。この例は、白文のままでも比較的わかりやすいのですが、難しい場合でも考え方は同じです。白文の場合のポ

イントは「**Vから探す**」です。**Sは省略される場合があるので**、**先にVを探す**とわかりやすいですよ。

では、引き続き語順の確認に戻りましょう。

6「S＋V＋C_1＋於・于・乎＋C_2」のように、**於・于・乎**をはさんでどちらもCの場合もあります。C_2には**動作が行われる場所**がきて、「S（は）C_1にC_2にV」と読み、「S（は）C_1にC_2でVする」と訳します。

例 管仲仕フ二桓公ニ於斉ニ一。
（S＝管仲、V＝仕、C_1＝桓公、C_2＝斉）

【管仲《かんちゅう》桓公《かんこう》に斉《せい》に仕《つか》ふ。】（管仲は桓公に斉の国で仕える。）

7「**修飾＋被修飾**」は日本語と同じなので簡単ですよ。

例 執ル二其ノ手ヲ一。
（V＝執、O＝其手）

【其《そ》の手《て》を執《と》る。】（その手をとる。）

「其」は「手」を修飾するので「手」の上にあり、「其の手」となります。

この例文が白文だとしても、「執」が「V」、「其手」を一つのカタマリとみなして、「V」の下に「於・于・乎」がないから「其手」は「O」で、送り仮名に「ヲ」を送る。あわせると「其の手を執る」となりますね！ Sが省略されているから誰がなのかわからないけれど、誰かがその手をとるんですね。

バッチリです！ では、ここで最初の例A・Bをもう一度見てみましょう。

A 愛我。
B 我愛。

まずはVから探すので、どちらも「愛」。Aは「愛」の下に「我」なので、「我」＝Oですね。そして「愛」の上には何もないので、Sが省略されているから、「（誰かが）私を愛している」。そして、Bは「愛」の上にある「我」はS。こちらはSVだけで何を愛しているのかはわからないけれど、「私が愛している」ですね！

完璧です。ねっ、語順って大事でしょ？

それでは、最後に「多くの要素を含んだ構造」を見ておきましょう。

S＋{副詞／助動詞／再読文字／前置詞を含む句}＋V＋O＋於・于・乎＋C＋語気詞《ごきし》

うわっ……なんだか急に難しいのが出てきた……。

ここまで乗り越えてきたなら大丈夫！　たとえば、「V」の上がやたらと長いとか、どう見ても二つのカタマリがある場合は、「S」だけではなく、「S」と「V」の間に、「**副詞・助動詞・再読文字・前置詞を含む句**」のどれかがあるというだけです。言い換えると、それらは「V」**の上に置く**ということですね。

「助動詞」や「再読文字」は今後学ぶので、今は、それらが「V」の上にあるということだけをおさえておいてください。

「**副詞**」は、たとえば「**嘗**《かつ》テ」や「**俄**《には》カニ」などです。「**前置詞を含む句**」とは、たとえば、「**以**《もつ》テ二〜一ヲ／**与**《と》二〜一／**為**《ため》ニ二〜一ノ／**自**《よ》リ二〜一」などです。英語の「by」、「with」、「for」、「from」などにあてはまるものを含む句、と考えるとよいですね。

最後の「**語気詞**《ごきし》」って何ですか？

文末で**強意**・**疑問**・**反語**・**詠嘆**・**断定**などの気分を表す言葉で、「**乎**」や「**也**」などです。では、例を見ておきましょう。確認程度でOKですよ。

例

臣(S)〔（以テ二忠信ヲ一）得ル二(V')罪ヲ(O')於上ニ(C')一〕者也（断定）。(V)

【臣忠信《しんちゆうしん》を以《もつ》て罪《つみ》を上《うへ》に得《う》る者《もの》なり。】（私は忠信でありながら罪を上位の人に得る〔＝上位の人から受ける〕者である。）

ここまでに学習した語順は、左右の例のように節〔＝S'・V'・O'など〕の中でも同じです。

例

伺フ二(V)婦ノ(S')寝ヌルヲ(V')一(O)。

【婦《ふ》の寝《い》ぬるを伺《うかが》ふ。】（妻が寝ているのを見計らう。）

〔守ルレ(V')田ヲ(O')〕者(S)疑フ(V)。

【田《でん》を守《まも》る者疑《ものうたが》ふ。】（田畑を守る者が疑う。）

節が絡む白文でVを探す場合、大きなVがどれなのか文脈で理解しなければいけないんですね。

あと、もう一つ大事なこと。Sの送り仮名は基本的にはナシか、もしくは「は」でしたが、**節の中のSの送り仮名は「ノ」**です。右の例の一つ目、「妻が寝ている」⬇「婦の寝ぬる」です。これで選択肢が絞れる場合もありますよ！　それでは、**例題**にチャレンジしましょう。

例題

問1　次の傍線部の文の要素（S、V、O、C、副詞）を、傍線の右横にそれぞれ書きなさい。

(1)　余問故。

(2)　鬻於貴家、竟《つひ》ニ得百金。

(3)　弟請賞於吏。

（オリジナル）

問2　次の傍線部「居恒置黍穀于檐下飼之」（「普段からキビ粒を軒下にまいて雀に食べさせていた」の意）を訓読する際に施す返り点として最も適当と思われるものを次の中から選びなさい。

愛シレ雀ヲ、居恒置黍穀于檐下飼之。

〔注〕之……ここでは「これ」と読む。

ア　居恒置二黍穀于檐下一飼レ之

イ　居三恒置二黍穀于檐下一飼之

ウ　居恒置三黍穀于二檐下一飼レ之

エ　居恒置三黍穀于二檐下一飼レ之

（南山大）

例題　設問の解説

問1から確認します。白文は「**Vから探す**」のがポイントでしたね。

(1)は「問」がVなので、上の「余」がS、下の「故」がOですね。
(2)は「得」がV、「百金」がO、「得」の上の「竟に」が「副詞」はわかりました。でも、一番上の「鬻」が読めなくてわからないです……。

ヒントがないと難しい文字ですよね。ただ、要素だけならがんばれますよ。先に、「貴家」はわかりますか？

「於」の下にあるからC！

そのとおりです。だとすると、「鬻」は何になると考えられますか？

「於＋C」の上にあるからSかVで、Vは省略されないから「鬻」はV？

そういうことです。つまり、「Vから探す」からズレてしまいますが、置き字を利用して語順から考える問題でした。少し難しかったかもしれませんね。では、(3)はできましたか？

はい。これは大丈夫です！ Vは「請」。よって、上の「弟」がS。Vの下に二つの要素があり、置き字「於」があるので、「賞」がO、「於」の下の「吏」がCですね。直訳は「弟が賞を官吏に請求した」ですね。構成要素がわかると、白文を訳せました！

次に、問2も確認しましょう。返り点をつける問題ですが、白文なのでVを意識することと、語順もヒントに考えていきます。

これちょっと難しかったです。選択肢問題だったから、ほぼ勘で選んでしまいました……。

少し難しい漢字が混じっていますし、訳も意訳になっているので、少し手強かったかもしれませんね。一緒に考えていきましょう。まずは、設問文の中の現代語訳のうち、どのあたりがVになりそうですか？

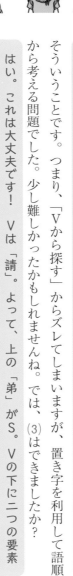

「まいて」の「まく」と、「食べさせていた」のあたりなのはわかります。でも、「まく」も「食べさせる」のような漢字もなさそうな気がするのですが……。

そうですよね。つまり、意訳になっているのです。では、漢字の中から動詞になりそうなものを探したり、現代語訳の他の部分とリンクしそうな漢字を探してみたり、違うアプローチをしてみましょう。まずは動詞になりそうなものを探してみましょう。どれだと思いますか？

うーん、「居」が「いる」、「置」が「置く」、「飼」が「飼う」かなぁ……。あと、動詞じゃないんですが、「于」って置き字にありましたよね！

いいところに気がつきましたね。それも使えるかもしれませんが、先に話を動詞に戻すと、それらの漢字があっているか間違っているかはおいといて、一応可能性としてはありそうですよね。では、現代語訳の他の部分とリンクしそうな漢字、何かわかりそうなものはありますか？

「黍」の読みが、たしか「キビ」だったはず。もしくは、その下の「穀」も「穀物」の「穀」だから、「黍穀」で「キビ粒」みたいな？ 他には「檐」が読めないのですが、「檐下」となっているから、これが現代語訳の「軒下」なのかな。あと、古文文法の順接確定条件の一つ「恒常条件」の「恒常」が「つねに」って意味だったから、「恒」が「いつも」⬇「普段から」かな、とか……。全部、なんとなくですが……。

いい線いっていますよ。ここで、先ほど気づいた「于」も利用して考えてみましょう。「キビ粒を軒下にまく」だから、「キビ粒」がO、「軒下」がC、「まく」がVですよね。それを踏まえて、白文を見てみましょう。

あ！「置黍穀于檐下」の部分が、「キビ粒を軒下に置く」で「まく」ではないですが、同じような意味が取れそうです！

そうですよね。そうすると、「置黍穀于檐下」の語順になっていて、「于」はやはり置き字と考えられるので、「于」に返り点がついているウとエは✕です。では、続きの「雀《すずめ》に食べさせていた」を考えてみましょう。

「之」は注釈から「これ」で、「飼」は先ほどの予想では、動詞で「飼う」にしました。「これ」って何だろう？

傍線部の前も加えて訳すと、「雀を愛し、普段からキビ粒を軒下に置いて雀に食べさせていた」となり、「雀に食べさせていた」の部分が「飼う＋これ」です。

ということは、「之《これ》」は「雀」ですね！「雀を飼う」ということは、普段から雀にご飯を食べさせているということだから、「飼之」は「雀を飼う」の解釈で良さそうです。語順も動詞「飼」＋目的語「之」でおかしくないです。そうすると、「雀を飼う」と読むために、「飼」にレ点がついているアが正解ですね。

そういうことです。よって、最初の「居」は、ここでは動詞「いる」ではありません。覚える必要はありませんが、「居恒」で「普段」の意味です。ですが、これがわからなくても、「于」の置き字と「VO于C」の語順を見抜けると、正解にかなり近づけましたね。白文を解釈する場合にも、語順はとても大切です。しっかり押さえておきましょう。

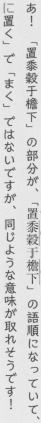

例題 設問の解答

問1
(1) S V O
余問故。

(2) V C 副詞 V O
鬻於貴家、竟ニ得百金。

(3) S V O C
弟請賞於吏。

問2 ア

例題 【書き下し文】・（現代語訳）

問1
(1)【余《よ》故《ゆゑ》を問《と》ふ。】（私は理由を尋ねる。）
(2)【貴家《きか》に鬻《ひさ》ぎ、竟《つひ》に百金《ひやくきん》を得《え》たり。】（高貴な人に売って、けっきょく百金を手に入れた。）
(3)【弟賞《おとうとしよう》を吏《り》に請《こ》ふ。】（弟は恩賞を役人に願い出た。）

問2
【雀《すずめ》を愛《あい》し、居恒黍穀《きよこうしよこく》を檐下《えんか》に置《お》きて之《これ》を飼《か》ふ。】
（雀を愛し、普段からキビ粒を軒下に置いて〔＝まいて〕雀を飼っていた〔＝雀に食べさせていた〕。）

3 時間目 返読文字

♪イントロ♪♪

「**返読文字**」とは、**語順に関係なく下から返って読む**ことが決まっている文字のことです。

えぇっ？　あれだけ【2時間目】に語順が大事って言ってたのに!?

まあまあ……そう思う気持ちはわかりますが、ただ、返読文字は簡単ですよ。なぜなら、繰り返しになりますが「**語順に関係なく下から返って読む**」ことが決まっているからです。

下から返って読むのはわかりましたが、「語順に関係なく」って、たとえばどんなのですか？

「山が有る」を漢文で書くとどうなりますか？

「S＋V」は日本語と同じだから、単純に「山有」ですよね？

そうですよね。ただし、「有」は「返読文字」なんです。語順に関係なく、下から返って読まなければいけないので、「山が有る」は漢文だと「有山」となります。

なるほど。つまり、「有」の場合は、Sが下にあるのですね。

すばらしいことに気づきましたね。そのとおり！　間に修飾語が入って長いときもありますが、**「何が」あるかは「有」よりも下に書いてあります。**よって、「有」が出てきたら、「何があるのかな」と意識して続きを読んでいけばよいのです。

ちなみに、「～な者がいる」となる「有リ二～者一。」の形は頻出で、問題にもなりますよ。「～者」がSです。

「～」部分はどんな者かを修飾している言葉です。

例　有リ二〔牽クレ牛ヲ〕者一。（V：有、S：〔牽クレ牛ヲ〕者）【牛《うし》を牽《ひ》く者《もの》有《あ》り。】（牛を引く者がいる。）

返読文字、たしかに簡単ですが、どれが返読文字かを覚えておく必要はありそうですね。「有」がそうなら、「無」も返読文字かなぁ。たとえば、「無二～者一。」＝「～な者はいない」とか。

さえていますね！　大正解で「無」も**返読文字**です。「有」と「無」のように、反対語のセットで覚えておくとよい返読文字は「**多**」⬍「**少**」、「**難**」⬍「**易**」です。

あとは、「前置詞を含む句」のときに見た「**前置詞**」（「**与**」〔と〕、「**自・由・従**」〔より〕、「**為**」〔～ノためニ〕など）も下から戻って読んでいましたが、これらも返読文字なんです。たとえば「誰と」の「誰」は、「与《と》」の下に書かれています。

他にも「**所**」〔ところ〕、「**毎**」〔～ごとニ〕、「**雖**」〔いへどモ〕、「**所以**」〔ゆゑん〕（～のために）なども返読文字です。

なんだかいっぱいで覚えるのがたいへんです……。

今すぐ全部を完璧に覚えようとしなくても大丈夫ですよ。

「反対語3セット」（「**有**」⇕「**無**」・「**多**」⇕「**少**」・「**難**」⇕「**易**」）と大ざっぱに「**前置詞**」とおさえておき、他も何度か見返して、本文で出てきたときに「たしかに下から返って読んでるな」と意識をしていれば、自然に身につきます。

あと、**「助動詞」**も、**断定の「也」以外は「返読文字」**です。

ところで、「助動詞」は、たとえばどんなのですか？

「**不**」などです。「不」は、打消の助動詞「ず」。古文だと「書かず」「言はず」のように動詞などの「下」につけますよね。ですが、漢文の助動詞「不」は返読文字なので、「不レ書」、「不レ言」となります。

文末にある**断定「也」以外の助動詞は、主に動詞の上に置き、その動詞から返って読みます。**代表的な「助動詞」を次にあげておきます。今は赤字だけでもOKです。詳細は、それぞれの助動詞のところでまた学習しましょう。

1 不・弗＝ず「打消」
2 使・令・遣・教・俾＝しム「使役」
3 見・被・為・所＝る・らル「受身」

4 如・若＝ごとシ「比況《ひきょう》」
5 可＝ベシ「可能・当然」
6 為＝たり「断定」

赤字だけなら、なんとか意識できるかも。

それくらいで最初はよいですよ！　それでは、例題にチャレンジしましょう。

例題

問1　次の中から、語順が間違っているものを一つ選べ。

ア　売ル二氷ヲ于市一ニ。
イ　毎ニ二花開ク一、賞レス之レヲ。
ウ　故《もと》ヨリ狐有リ。
エ　可キレ無カルレ庸《もち》ヰルコトレ訴ヲ也。

（オリジナル）

問2　「其隣人有以酒食召邕者」の書き下し文として最も適切なものを次の中から選べ。

ア　其れ隣人有り、酒食は邕を召す者を以てす。
イ　其の隣に人有り、酒食を以て邕を召す者なり。
ウ　其の隣人に酒食を以て邕を召す者有り。
エ　其れ隣に人有り、以て酒食は邕を召す者なり。
（法政大）

問3　「其の罪を知らずして死す」を原文に戻した場合、どのような語順になるか。最も適当なものを、次の中から選べ。
ア　其罪不知而死　　イ　不知其罪而死　　ウ　不其罪知而死
エ　死而不知其罪　　オ　知其罪而不死
（愛知大）

例題　設問の解説

問1は、ウの「有」は返読文字でSは下にあるはずなのに、Sの「狐」が上にあるのがおかしいです！

そうです。ちなみに、他にも返読文字がありますが、わかりましたか？

エの「無」ですよね。これは、下からきちんと返って読んでいるのでOKですね。

あと「可」とイの「毎」も返読文字で、ちゃんと下から返ってますね。ちなみに、アは「V＋O＋于＋C」の形ですよ。
では、問2。これも「有」の問題ですね。

はい。ア「隣人有り」や、イ・エ「人有り」だとしたら、Sは下にあるので「有隣人」「有人」となるはずですが、設問では「其隣人有～」となっているから、それらは×。ウにしました。

正解です。あとは、「其隣人有以酒食召邕者」に気づいてもすぐに正解が出せますよ。「有～者」だから、「～者有り」となる可能性が高いのです。選択肢の最後を見くらべると、「～者有り」はウのみです。

ホントだ！

「有～者」＝「～者有り」も、100％ではありませんが、けっこう出てきますので覚えておくと便利です。
では、問3。語順の問題ですね。設問の日本語訳を参考に、構成要素を踏まえて考えていきましょう。

「其の罪」が修飾＋被修飾で「其罪」。そして、「其の罪を」＝OでVの下に置く。「知らず」だから「知る」がV、「ず」が助動詞「不」＝返読文字で「知」の上に置くから、ここまでで「不知其罪」となりますね。この時点でイかエです。

そのとおり。あとは、「(知らず）して死す」です。両方の選択肢に「而」がありますね。「而」は【4時間目】に学習しますが、「接続」のはたらきです。よって、そのまま「不知其罪而死」

となりイが正解です。エだと「死んで、その罪を知らない」となり、順番が逆になってしまうので✕です。エにした人も、ここまで学習した内容はわかっているので、今のところはＯＫです。

例題 設問の解答

問1　ウ
問2　ウ
問3　イ

例題 【書き下し文】・（現代語訳）

問1
ア　【氷《こおり》を市《いち》に売《う》る。】（氷を市場で売る。）
イ　【花開《はなひら》く毎《ごと》に、之《こ》れを賞《しょう》す。】（花が開くごとに、これを楽しんでいた。）
ウ　【故《もと》より狐《きつね》有《あ》り。】（もともと狐がいた。）
エ　【訴《うったえ》を庸《もち》ゐること無《な》かるべきなり。】（訴えを受理することはしないべきである。）

問2
【其《そ》の隣人《りんじん》に酒食《しゅしょく》を以《もっ》て邕《よう》を召《め》す者有《ものあ》り。】（其の隣人に酒食で邕を招く者がいた。）

問3
【其《そ》の罪《つみ》を知《し》らずして死《し》す。】（その罪を知らないで死ぬ。）

4
時間目

置き字・「也」の読み方

♪イントロ♪♪

「置き字」は、書き下し文では書かなくてOKでしたよね？　だとしたら、どうしてそんな文字がそもそも入っているんですか？　読まないなら、もともとなくてもよくないですか？

そう思ってしまいますよね。ただ、「置き字」にも意味（はたらき）はあるんですよ。「**意味はあるけれど、それ自体は読まない文字**」なんです。具体的に、どんな置き字があり、どんな意味があるのかをざっと見てみましょう。

1 於・于・乎＝さまざまなはたらき
2 矣・焉＝「**強意**」のはたらき
3 而＝「**接続**」のはたらき
4 兮＝「**整調**」のはたらき

1「**於・于・乎**」は今までに何度も出てきていましたね。さまざまなはたらきとは、具体的にはどんなものですか？

文脈でわかるので必死に覚えなくてもよいのですが、「**時・場所・比較・受身・目的・起点・対象**」などです。

たとえば、「霜葉紅二於二月花一」は「霜葉《そうよう》は二月《じげつ》の花《はな》よりも紅《くれない》なり」と読んで、「霜で紅葉した葉は、二月の桃の花よりも赤々としている」という意味なので、「於」は「**比較**」のはたらきですね。

「**於・于・乎**」に関して大事なことは、**動詞・形容詞・形容動詞のあとに置き、直後の送り仮名は**「〜ニ・ト・ヨリ（モ）」となるとおさえておきましょう。

白文の場合、これらの置き字を利用すると、語順の目安になりましたよね！

すばらしい！　それが意識できていれば大丈夫です。では、次にいきましょう。

2　「**矣・焉**」は「**強意**」のはたらきです。文末にある「語気詞《ごきし》」ですね。

例　君之言過テリ矣。【君《くん》の言過《げんあやま》てり。】（主君のお言葉は間違っている。）

この「矣」は強調しているだけなので、**訳すときには無視**してOKです。

「強意」だけど訳すときは無視してOKという点は、古文の強意の係助詞と似ていますね。あっ！　そっか！　古文で「ぞ・なむ・こそ」があれば、わざわざ訳さないけど「作者はここを強めたいんだな」ってなんとなく伝わります。漢文の「置き字」も、中国の人にとってはきっとそんな感じなんですね。

そう、訳さないけれど、その文字があることによって、「強めている」ということは感じ取れます。読まないけれど意味がないわけではないのです。
では、次を見ていきましょう。

3　「而」は知っています！　置き字といえば「而」みたいな。

たぶん、同じような人が多いと思います。ですが「而」は、ただ単に「置き字」というだけではなく、はたらきも大事ですよ。しかも**「置き字ではない而」もあること**も把握しておきましょう。

えっ？　「而」って、置き字だけじゃないんですね!?

文中の「而」は「置き字」で読みませんが、**文頭の「而」は置き字ではないから読みます**よ。どちらの場合も「**接続**」のはたらきです。「**順接**」・「**逆接**」両方のはたらきがあるので、読解するうえで、その判断が大事です。送り仮名がついていればわかりやすいですよ。

● **置き字（文中）の場合＝直前に読む字の送り仮名が目安**

「順接」＝テ・シテ・ニシテ・デ

例　酔《ヒテ》 而 哭《ク》。　【酔《よ》ひて哭《な》く。】（酔って慟哭する。）

「逆接」＝モ・ドモ・ニ

例　飽 食《スレドモ》 而 無《シ》レ 禍《わざはひ》。　【飽食《ほうしょく》すれども禍《わざはひ》無《な》し。】（飽きるほど食べるが禍がない。）

● **文頭の場合**＝「而」を「しか」、「しかう」と読み、「而」についている**送り仮名**が目安
「**順接**」＝しかうシテ・しかシテ
「**逆接**」＝しかルニ・しかルヲ・しかモ・しかレドモ

どちらも「〜（シ）テ」**が逆接になる場合もあります**。現代語でも「やるって言っていて、やっていない！」と、逆接の「て」がありますよね。基本は「順接」が多いのですが、100％ではないので気をつけましょう。

それでは、**4**「兮」を確認しましょう。

今まで漢文を勉強してきたなかで、この文字を見た記憶がないのですが……。

整調《せいちょう》（語調を整える）のはたらきをする置き字で、**詩の中でしか使いません**。よって、他のものよりは見る機会が少ないかもしれませんね。ただし、この文字が詩で使われるということを出題した大学もありますよ。だから、本文中で詩を引用している場合も、この置き字があれば、その部分が詩だとわかりますよね。

ちなみに、「兮」も**訳すときには無視**すればよいのです。

例 今遂ニ逝ケリ兮。【今遂《いまつひ》に逝《ゆ》けり。】（今とうとう逝去した。）

置き字にも、それぞれポイントがあることがわかりました！

次は、「也」の読み方をまとめておきます。

4時間目 置き字・「也」の読み方

● **文末＝上を見て「疑問・反語」を表す文字の有無を確認**

1 疑問・反語〜**也**。＝「や」「か」と読んで「**疑問・反語**」の意味を表す

2 ~~疑問・反語~~〜**也**。＝「なり」と読んで「**断定**」の意味を表す（読まないときもある）

● **文中＝「や」と読んで「提示・強調」の意味を表す**

3 〜**也**、……（読まないときもある）

4 〜**也**……（ほとんど読まない）

＊何にせよ、**文中で読む**なら「や」。

「**疑問・反語**」を表す文字って、具体的にどんな字ですか？

今は「**何**」や「**誰**」などだけでけっこうです。【10・11時間目】で「疑問・反語」を学習するので、そのときにしっかり把握してください。

わかりました。文末の場合、疑問・反語があれば、「也」も疑問・反語で覚えやすいですね。なければ「**断定**」！

文中の場合は、読むなら「や」と読みますが、**意味は**「**疑問**」**ではない**ので気をつけましょう。「**提示・強調**」なので、訳すときは無視すればOKです。

では、文中の「也」は無視！「読め」といわれたら「や」。これでOKですね！

それでは、**例題**にチャレンジしましょう。

例題

問1 「去レ之愈《いよいよ》遠矣。」の傍線部のはたらきを、次の中から選べ。

ア 疑問　イ 比較　ウ 強意　エ 受身

（オリジナル）

問2 「而ルニ有レバレ所レ矜《を》シム、……」の傍線部はどのような文法上の機能をもつか。最も適切なものを、次の中から選べ。

ア 並列　イ 逆接　ウ 反語　エ 順接　オ 累加

（高崎経済大）

問3 「魯君聞二ク顔《がん》闔《こう》ノ得レル道ヲ之人一ナルヲ也、使二ム人ヲシテ以レテ幣ヲ先一ダタ焉。」の傍線の読み方として、最も適切なものを、次の中から選べ。

ア なり　イ や　ウ か　エ かな

（明治大）

問4 「此レ其ノ所二‐以亡一ブル也。」の傍線の読みを、平仮名で記せ。

（島根大）

例題 設問の解説

問1はウ「強意」のはたらきですね。では、問2は?

これは、文頭の「而」で置き字ではなく、「しかるに」と読むから「**逆接**」です。よって、正解はイですね。

問3と問4は「也」の読み方の問題ですが、できましたか?

問3は**文中**なので「や」、問4は**文末**で、上に**疑問・反語の文字がない**ので「なり」です。

ちなみに、問3の文末の「焉」は、問1「矣」と同様に「**強意**」の置き字ですね。

例題 設問の解答

問1 ウ
問2 イ
問3 イ
問4 なり

例題【書き下し文】・（現代語訳）

問1
【之《これ》を去《さ》ること愈《いよいよ》遠《とほ》し。】（ここを去るとますます遠く離れる。）

問2
【而《しか》るに矜《を》しむ所《ところ》有《あ》れば、……】（しかし惜しむ気持ちがあるのは、……）

問3
【魯君顔闔《ろくんがんこう》の道《みち》を得《う》るの人《ひと》なるを聞《き》くや、人《ひと》をして幣《ぬさ》を以《もつ》て先《さき》だたしむ。】（魯の君主は顔闔が道を会得した人であることを聞いて、使者に贈り物をまず届けさせた。）

問4
【此《こ》れ其《そ》の亡《ほろ》ぶる所以《ゆゑん》なり。】（これがそれが滅びた理由である。）

再読文字

♪イントロ♪♪

「再読文字」とは、**最初は返り点を無視して副詞として読み、二度目は返り点に従って助動詞（動詞）として読む文字**です。

どうして一つの文字を二回も読むんですか？

じつは私たちも、ふだん無意識に使っています。たとえば「未来」。「未来」は「まだ来ていない」という意味ですよね。

「来」の字が「来る」なので、「**未**」の字が**副詞**「まだ」と、**助動詞**「～ない」の**二つの意味**を含んでいます。「未来」は日本語で熟語ですが、漢文で表記すると「未ㇾ来」です。返り点どおりに読むなら「来」⬇「未」の順ですよね。でも、この「**未**」は二つの意味を含む（＝二回読まなければいけない）「**再読文字**」なんです。つまり、「**未**」にはレ点がついていますが、最初はこのレ点を無視します。「**未**」の**副詞**の読みは「いまダ」です。次に「来」を読み、レ点に従って「未」の字に戻ります。「**未**」の**助動詞**は「ず」と読むので、「未ㇾ来」は「未《いま》だ来《こ》ず」と読み、「まだ来ていない」という意味です。

「**未**」は「いまダ～ず」と読み、「まだ～ない」と訳します。このように「**再読文字の漢字**」と「**読み方**」（二回目の読みとあわせて覚える）と「**訳**」の三**点セット**で覚えることが大切です。

書き下し文では、最初の読みは漢字で、二回目は平仮名で書くんでしたよね？

そのとおり。では、「再読文字」**1**～**7**を見ていきましょう。

1 **未**《ダ》レ～　【未《いま》ダ～ず】（まだ～ない）

＊ここでは最初の読みを漢字、送り仮名をカタカナ、二回目の読みを平仮名表記としている。

例　**未**《ダ》レ釈《サ》。【未《いま》だ釈《ゆる》さず。】（まだ釈放しない。）

これは最初の「未来」の例でくわしく見たものですね。

はい。じつは、この例は北海道大の入試問題で、すべて平仮名で読めと出題されていました。北海道大ですから「未」はできて当然、「釈」＝「ゆるス」がポイントの問題ですが、それでもこうして再読文字は難関大でも出題されますよ。

2 **将**《ニ》レ・**且**《ニ》レ～《ント》　【将《まさ》ニ・且《まさ》ニ～ントす】（今にも～しようとする）

例　**将**《ニ》レ買《ハント》レ之《ヲ》。【将《まさ》に之《これ》を買《か》はんとす。】（今にもこれを買おうとする。）

病《ミテ》**且**《ニ》レ死《セント》、……【病《や》みて且《まさ》に死《し》せんとし、……】（病気になり今や死にそうになり、……）

「将」と「且」、どちらも「まさニ～ントす」と読み、「今にも～しようとする」の意味になるのですね。

そうです。「**将**」は、「将来」からイメージすると便利です。「将来」は「これから」来ます。「今にも～しようとする」＝「これからのこと」です。「～ントす」の「ン」は、古文の助動詞「む」です。「む」は「**未来推量**」ですよね。「これから」なんです。

「～ントす」の「ン」が助動詞「む」だから、その**直前**は「**買は**」や「**死せ**」のように**未然形に活用させるんですね**（「死す」＝サ変動詞）。

そのとおり。「ン」＝「む」と覚えておけば、未然形に活用させることはその場でできますね。

3　当ニシレ・応ニシレ～　【当《まさ》ニ・応《まさ》ニ～ベシ】（当然～すべきだ・おそらく～はずだ）

例　**当ニシレ知ル。**　【当《まさ》に知《し》るべし。】（当然理解すべきだ。）

応ニシレ在ル二此ノ際ニ一。　【応《まさ》に此《こ》の際《きは》に在《あ》るべし。】（おそらくこのあたりにあるはずだ。）

「**当**」は「**当然**」の「**当**」なので、訳は覚えやすいですね！

「ベシ」も、古文の助動詞「べし」の意味（**強い**「**意志**」や「**推量**」「**当然**」など）が理解できていれば、そこからもイメージしやすいですよ。あと、「**べし」の直前は終止形**（ラ変型＝連体形）ですね。

さて、「まさニ」と読む再読文字は全部で四つ「**将**・**且**・**当**・**応**」ですね。二回目の読み方が、「**将**・**且**」は「～ントす」、「**当**・**応**」は「～ベシ」です。二回目の読み方は、「これから」（＝今にも～しようとする）のほうが古文の「**未来推量**」の「**む**」を使っている「～ントす」、「**当然**」のほうが古文の**強い**推量「べし」のまま「～ベシ」です。

もし、二回目の読み方を「～ントす」と「～ベシ」で迷ってしまったなら、訳から考えるとわかりますね。

4 宜シク～ 【宜《よろ》シク～ベシ】（～するのがよい）

例 宜シク進ム。【宜《よろ》しく進《すす》むべし。】（進むのがよい。）

「**宜シク**」は、「よろしくお願いします」の「よろしく」の漢字です。そして、「適宜」の「**宜**」です。「適宜」⬇「適当」と「適」つながりで覚えておくと、古文文法の「**適当**」の訳し方は「～するのがよい」ですよね。

そういえば、古文の助動詞「べし」にも、「**適当**」の意味がありましたよね。もちろん直**前は終止形！**

5 須ラク～ 【須《すべか》ラク～ベシ】（必ず～する必要がある）

例 須ラク要ス二多聞多見ヲ一。【須《すべか》らく多聞《たもん》多見《たけん》を要《よう》すべし。】（必ず多くを見て聞くことを求める必要がある。）

「須」は「必須」の「須」と覚えておくと、「必ず～する必要がある」と訳すのは簡単です。「べし」も強い意味でしたね。「須」は「すべからく」という読み方を覚えることがポイントで

す！「べし」の直前＝**終止形**はもう大丈夫ですね。

6 猶ホシレ・由ホシレ〜ガ・ノ【猶《な》ホ・由《な》ホ〜「ガ・ノ」ごとシ】（ちょうど・まるで〜のようだ）

例 猶ホシレ免ルルガ二於剪伐ヲ一。【猶《な》ほ剪伐《せんばつ》を免《まぬか》るるがごとし。】（切り取られずにすんだのと同じようなことだ。）

「〜がごとし」と「〜のごとし」のちがいは、古文の助動詞「ごとし」と同じように、「**連体形**＋がごとし」、「**体言**＋のごとし」ですか？

そうです。「過ぎたるはなほ及ばざるがごとし」、「春の夜の夢のごとし」で覚えておくと便利です。

意味も古文の「ごとし」と同様「まるで〜のようだ」なので、これは大丈夫そうです。

7 盍ゾルレ〜【盍《なん》ゾ〜ざル】（どうして〜しないのか）

例 盍ゾルレ上ラ。【盍《なん》ぞ上《のぼ》らざる。】（どうして上らないのか。）

「盍ゾ〜ざル」は、読めたら訳の「どうして〜しないのか」はわかるはずです（「なんゾ」＝疑問、「ざル」＝打消の助動詞「〜ない」➡「どうして〜しないのか」）。直訳が「どうして〜しないの？」で、そこから派生して「〜したらいいじゃん」という気持ちも表しますよ。

それでは、**例題**にチャレンジしましょう。

例題

問1 次の文は読み下すと、「未だ他犬と闘ふことを知らず」となる。この読み下しにしたがって、返り点を付けなさい（送り仮名は不要）。

未 知 与 他 犬 闘。

（成蹊大）

問2 「吾将従吾之所好」の訓読を平仮名だけで記したものとして最も適当なものを、次のうちから一つ選べ。

ア われすべからくわれのところよりこのむべし
イ われまさにわれのこのむところにしたがはんとす
ウ われすべからくわれのこのむところにしたがふべし
エ われまさにわれにしたがひてこのむところにゆくべし
オ われまさにわれのところよりこのまんとす

（立教大）

問3 「猶レ獲二石田一也。」の傍線部は再読文字である。次の空欄[A]・[B]は、その読み方を示したものだが、このうち空欄[B]に入る語を、平仮名で記せ。

[A]石田を獲るが[B]。

（早稲田大）

問4　「当二重罰レ之。」を、ひらがなのみを用いて書き下し文にせよ（現代仮名づかいでよい）。

（新潟大）

問5　「宜察之」をすべて平仮名で書き下せ。現代仮名遣いでよい。

（お茶の水女子大）

問6　「将質之於烈。」を書き下し文にせよ。なお、「質」の字訓は「質《ただ》す」。

〔注〕烈……王烈。人名。

（大阪市立大【現・大阪公立大】）

例題　設問の解説

問1は「未」が**再読文字**、「与」が「と」とわかれば、あとは返り点で学習したとおりに考えるだけですよ。

「犬」から「与」まで二字以上戻るから、「犬」に一点、「与」に二点をつけて、「闘」から「知」まで一・二点をはさんで戻るので、「闘」に上点、「知」に下点をつけ、最後に「知」から再読文字の二回目の読みの「未」（ず）に一字戻るから「未」にレ点をつけてできあがりですね！

そのとおり。問2は平仮名だけにした訓読を選ぶ問題です。「将」は選択肢を利用すると、再読文字として使われていることがわかります。**再読文字**「**将**」の読みは何でしたか？

「まさに〜んとす」です。そこからイかオに絞りました。あと、「所」は【3時間目】に学習した返読文字ですよね？　よって、「このむところ」と下から戻って読んでいるイにしました。

正解です。ちなみに、返読文字「所」は通常「所＋V」の形で「Vする〈＝連体形〉所」と読み、「Vすること」などと訳します。今回も「所好」と、動詞「好む」が下にありますね。

問3は「**猶**」の読みですが、設問文に「**再読文字**」とわざわざ書いてあり、とても親切な問題ですね。B で終わっているので、ここでは文末の「也」は読みません。

「猶ほ〜ごとし」だから、正解は「ごとし」！　これも簡単でした。でも、問4からがちょっと難しい……。

では、問4も一緒に見ていきましょう。返り点しかついていないので、少し難しかったかもしれませんね。まず、この「**当**」は再読文字ですが、平仮名のみだとどのように読みますか？

「まさに〜べし」です。「罰」から戻って読むから「罰」は動詞だと考え、「べし」の直前は**終止形**だから「ばっすべし」だと思いました。でも、「重」と「之」がわかりそうでわからなくて……。

では「重」から。Vの上ですが、Sではなさそうですよね。「重罰」の意味はなんとなくわかりますか？

「重たい罰」ですよね。

そう。つまり、「重」は「罰」を説明している「修飾＋被修飾」の関係です。ここでは「罰」がVなので、「重」は何形にして読めばよいですか？

用言の上＝「連用形」で「おもくばっす」か。あれっ？　でも、先に「罰」の前に「之」を読まなきゃダメですよね？

そのとおり。ここで少し脱線しますが、「之」の文字には大事な読みが三つあります。「の・これ・ゆく」です。「之」を見たときには、この三つの読み方がスラスラ出てくるレベルになってください。**助詞なら**「の」、**名詞が**「これ」、**動詞の場合は**「ゆく」です。

では、もとに戻りますが、この「之」は、V「罰」の下にあるので、構成要素は何と考えられますか？

Oですね！　つまり、「これをばっす」ですね。ここまでを踏まえてまとめると……「まさにおもくこれをばっすべし」！

正解です。語順をきちんと理解できていれば、このように、国公立大の二次試験にも対応できますよ。

問5も平仮名で書き下す問題ですね。構成要素を踏まえて考えましょう。

「察」がVで、Vの上にある「宜」は再読文字「よろしく〜べし」、Vの下にある「之」はOで「これ」です。「之」の文字、また出てきましたね！

そうなんです。「之」の文字は本当によく出てくるので、先ほどの三つの読み方をしっかり頭に入れておいてくださいね。「べし」の接続は終止形なので、「よろしくこれをさっすべし」が正解です。

では、問6。こちらも再読文字はもちろんのこと、語順を考える問題ですよ。

「**将**」が再読文字で「将に〜んとす」はわかりました。そして、白文なのでVから探すのがポイントですよね。今回は設問文に「質」が「質《ただ》す」でVだと書いてくれているのでラッキー♪ **未然形**にして「質さんとす」ですね。V「質」の下が「之 於 烈」となっているので、「之」がO、「烈」がCだから、「将に之を烈に質さんとす」ですね。

例題　設問の解答

問1　未レ知下与二他犬一闘上。
問2　イ
問3　ごとし
問4　まさにおもくこれをばっすべし。
問5　よろしくこれをさっすべし
問6　将に之を烈に質さんとす。

例題【書き下し文】・（現代語訳）

問1　【未《いま》だ他犬《たけん》と闘《たたか》ふことを知《し》らず。】（まだ他の犬と闘うことをわかっていない。）
問2　【吾将《われまさ》に吾《われ》の好《この》む所《ところ》に従《したが》はんとす。】（私は私の好きなことに従おうと思う。）
問3　【猶《な》ほ石田《せきでん》を獲《と》るがごとし。】（まるで石ばかりの耕せない田を手に入れるのと同じだ。）
問4　【当《まさ》に重《おも》く之《これ》を罰《ばっ》すべし。】（当然重くこれを罰するべきだ。）
問5　【宜《よろ》しく之《これ》を察《さっ》すべし】（これをよく考えるほうがよい）
問6　【将《まさ》に之《これ》を烈《れつ》に質《ただ》さんとす。】（これを王烈にただしてもらおうとする。）

6時間目 使役

♪イントロ♪

「**使役**」は誰かに何かをさせることで、古文では助動詞「す・さす・しむ」がありましたよね？

その中の「しむ」は漢文調の文章で使用されます。つまり、**漢文でも「しむ」と読む助動詞で使役を表す**方法があります。では、漢字を用いた助動詞で使役を表す形から確認していきましょう。

S [使・令・遣・教・俾]ム三 Nヲシテ V二 [O]ヲ(ニ)一

S＝主語
赤字＝助動詞「しム」
N＝使役の対象
V＝動作
O＝動作の目的

【SNをしてO{を/に}Vしむ】(SはNにO{を/に}Vさせる)

O＝動作の目的なので、「Oを」の訳はわかるのですが、「NにOにVさせる」っておかしくないですか？

たとえば、誰かをどこかの国に行かせる場合は、「Nさんに〇の国に行かせる」となりますよね。自然な日本語にすればよいだけなので、その場でできるから、神経質になる必要はないですよ。

なるほど、わかりました。

それよりも、絶対におさえなければいけない大事なことは、書き下し文でN（**助動詞の直下の名詞**）に「をして」の送り仮名を送ることです。訳は「Nに」ですが、書き下し文は「**Nをして**」です。この送り仮名だけで選択肢が絞れてしまうことも多いのですよ。

あと、**助動詞は書き下し文では平仮名表記**「しむ」となり、**V＝未然形**に活用させることも大事です。

東北大の問題文冒頭が、みごとにこの使役のキレイな形だったので紹介します。実際は訓点がついていましたが、練習のためにあえて白文で確認してみましょう。

例 伊達政宗使人覗形勢。

書き下し文と現代語訳ができますか？

構成要素を確認すると、伊達政宗（S）**使** 人（N）覗（V）形勢（O）。ですね。
古文で「覗《うかが》ふ」は四段活用なので未然形は「覗は」だから……「伊達《だて》政宗《まさむね》人《ひと》をして形勢《けいせい》を覗《うかが》はしむ」で、現代語訳は「伊達政宗が人に形勢をうかがわせた」ですね！

バッチリです。ちなみに、**いつもSNVOのすべてがそろっているとは限りません**。よって、白文で使役の助動詞「使・令」などを見つけた場合は、まず**構成要素を確認して、SNVOのうち、どれがあるか確認する**ことがとっても大事です。**Vの部分は絶対に省略されないので、まずVを探すのがポイントです！**

語順のときも、白文の場合はVから探すのがポイントでしたよね。Vって大事なんですね。

それでは、簡単な例題で練習をしてみましょう。

例題

次の「使」以外の各漢字の右横に、文の要素（S、N、V、O）の該当するものを書け。

(1) 王使后読文。
(2) 使読。
(3) 王使読文。
(4) 王使后読。

まずVから考えるから……「読」がVですね。(1)は「使」の上にある「王」がS。「使」とV「読」の間にある「后」がN。Vの下の「文」がO。つまり、SNVOが全部キレイにある形ですね。

書き下し文と訳も練習してみました。「王后《おうきさき》をして文《ふみ》を読《よ》ましむ」で、「王が后に手紙を読ませた」ですね。

6時間目 使役

ＯＫです。その調子で⑵以降も確認してください。

⑵は「使」の下にVがあるだけなので、わかる情報は「読ませた」のみ。誰が誰に何を読ませたのかはわかりません。
⑶は「使」の下がすぐにVなので、Nがなくて「文」がO、「王」はS。「王が手紙を読ませた」けれど、誰に読ませたのかはわかりません。
⑷は「V」で文が終わっているのでOがありません。「王」がS、「后」がN。「王が后に読ませた」けれど、何を読ませたのかはわかりませんね。

完璧です。「AをしてBせしむ」と覚えている人も多いと思います。とっかかりとしてそう覚えるのはよいのですが、実際はこのように、いつもAにあたるNがあるわけではありません。逆にOがある場合や、修飾語が入ってもっと長い場合もあります。ですから、使役は構成要素で考えるクセをつけておくべきで、そのほうが実践的です。

これなら、実際の文章でどの形で出てきても対応できて便利ですね。

あとは、**使役の助動詞の下にVが二つ以上ある場合は、使役がどこまでかかるかに気をつけましょう**。どの動詞から使役の助動詞に戻っているかがポイントです。

例 王令ムルニ(下)人ヲシテ発キテ(二)平府ヲ(一)而視(レ)之ヲ、於イテ(二)故記ニ(一)果タシテ有リ。

【王《おう》人《ひと》をして平府《へいふ》を発《ひら》きて之《これ》を視《み》しむるに、故《こ》記《き》に於《お》いて果《は》たして有《あ》り。】

この例だと、使役の助動詞「令」の下に動詞がいくつありますか？

書き下し文も利用すると、「発」と「視」と「有」ですね。

そうですよね。そして、どの動詞から使役の助動詞に戻っていますか？

「視」です。

つまり、王が人にさせた動作は「発」と「視」までで、「有」には使役の意味はかかりません。じつは、この例は入試では白文だったのですが、返り点と読み方を選択肢から選ばせる問題でした。つまり、どこまで使役がかかるのかを文脈から考えさせる問題です。訳してみたらわかりますよ。「平府」は「書庫」、「視」は「調べる」です。

「王が人に書庫を開かせてこれを調べさせたところ、古い記録に本当にあった」ということですね。たしかに、「有」までかかってしまうと、「古い記録に本当にあらせた」となり、意味不明ですね。Vが二つ以上あれば、どの動作までさせたのか気をつけます！　ちなみに、何があったのかは、この例だと「有」の下のSがないため、この一文だけではわからないということですね。

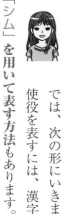

では、次の形にいきましょう。使役を表すには、漢字を用いた助動詞だけではなく、**使役を暗示する動詞を使い、送り仮名に「シム」を用いて表す方法**もあります。

命《めい》ジテ
令《れい》シテ
召《め》シテ
勧《すす》メテ
教《おし》ヘテ
遣《つか》ハシテ
説《と》キテ
～VシＭ

例 命ジテ酌レマシムルニ酒ヲ、……【命《めい》じて酒《さけ》を酌《く》ましむるに、……】（命じて酒を注がせたところ、……）

「命令して」やらせる、「呼び出して」やらせる、「教えて」やらせるなど、それぞれ**使役を暗示させる動詞**ですよね。

禁《きん》ジテ ～不レラシムV
戒《いまし》メテ ～無レカラシムV

例 禁ジテ僮《しもべ》ニ勿レカラシム撃レツコト鼠ヲ。【僮《しもべ》に禁《きん》じて鼠《ねずみ》を撃《う》つこと勿《な》からしむ。】（召使いに禁じて鼠を打ち殺さないようにさせた。）

こちらは「禁じて～させない」「戒めて～させない」となる、「**禁止**」の使役ですね。

使役を表す方法はもうありませんか？

まだありますよ。次の例のように、**単純に送り仮名だけで表す**とか。

例 易《をさ》メシメ二其ノ田疇《でんちゅう》ヲ一、……【其《そ》の田疇《でんちゅう》を易《をさ》めしめ、……】（その田畑を治めさせ、……）

たとえば、傍線部が白文で、その部分の動詞と、本文中の他のところに同じ漢字の動詞があり、その動詞の送り仮名に「シム」があれば、傍線部の動詞にも「シム」の送り仮名をつけて使役で解釈する必要がある可能性が高いのです。

う～ん、漢字を用いた助動詞は楽しかったけど、いろいろあるんですね……。

漢字を用いた助動詞以外は、**送り仮名で「シム」とつけて使役にする**というだけです。目安として、使役を暗示する動詞と一緒に使うことが多いと知っていると、わかりやすくなりますよ。

それ以外は、「**同一漢字の送り仮名に気をつけましょう**」ということです。使役は入試頻出問題ですが、**いちばん多く出題される形は漢字を用いた助動詞**で表す方法なので、安心してください。

それでは、例題にチャレンジしましょう。

例題

問1 「読メバレ之ヲ令ム二人ヲシテ慷慨懐感セ一。」をすべてひらがな（現代かなづかい）で書き下し文にしなさい。 （小樽商科大）

問2 「使三燭之武見二秦君一。」を訓読し、記しなさい。なお、すべて平仮名を用い、現代仮名遣いで記しなさい。 （獨協大）

〔注〕 燭之武《しょくしぶ》……人名。 秦君……秦の君主。

問3 「先《ま》ヅ令レム受レケ罪ヲ。」を現代語訳せよ。（奈良女子大）

問4 「使臥他所。」について、次の問に答えなさい。

(1) 返り点を付しなさい。

使 臥 他 所。

(2) 現代語訳しなさい。（成城大）

例題 設問の解説

問1は訓点がついているのでとっても親切ですね。国公立大二次試験そのままですよ。**使役**の**助動詞**「**令**」はもちろんのこと、「之」の読みも確認しましょうね。

この「**之**」は**目的語**だから「これ」ですね。「慷慨懐感」はとりあえず音読みで読んで、「これをよめばひとをしてこうがいかいかんせしむ」にしました。

それでOKです。問2も訓読の問題ですね。今回は返り点のみなので、送り仮名を考えるのがポイントですよ。

まず、出だしに**使役の助動詞**「使」があるので、Vを探すと「見」。その間にある「燭之《しょくし》武《ぶ》」がN。これに「をして」の送り仮名がポイントですね！ Vの下の「秦君」がOになるから、「しょくしぶをしてしんくんをみえしむ」にしました。

「をして」はOK！ 今は、それができて「使」をきちんと「しむ」と読めていれば最低限のラインはクリアとします。ですが、その解答は✕です。

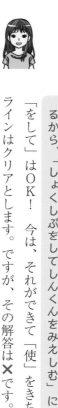

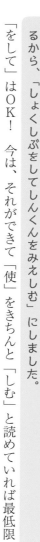

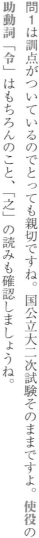

正しい答えを確認しましょう。まず、訳はなんとなくでもよいのでわかりますか？「この二人が会った」……なんだか不自然ですね。

直訳は「燭之武に秦の君主を見えさせた」ってことかなぁ？

そうです。「秦君」が注釈から「秦の君主」で、とてもエラい人だということもわかりますよね。**エラい人に会う**場面では、「**見**」は「まみゆ」と読み、「謁見《えっけん》する」の意味になります。「秦の君主に謁見させた」んですね。以上を踏まえて、「しょくしぶをして」まではOKなので、その続きを訂正できますか？

「秦の君主に」だから「しんくんに」ですね。そして、「まみえしむ」。「しょくしぶをしてしんくんにまみえしむ」？

正解！ **「見」を「まみゆ」と読ませる入試問題も頻出**ですので、この機会に覚えておきましょう。

問3は自信あります。「令」が使役なので、訳は「まず罪を受けさせる」！

そのとおり。こちらも入試問題そのままですが、訓点がついていてとっても親切ですよね。もし、白文「令受罪」だとしても、みなさんならできるはずですよ。

「令」の真下にV「受」があるから、「罪」がOで「罪を受けしむ」とわかります。問4は「使」が使役の助動詞と考え、下を見て**まずVを探す**と「臥」ですよね。「他所」は「他の場所」の意味で一つのカタマリ。先に(2)現代語訳をすると、「他の場所に寝かせる」。その順番で読むには、「他所」⬇「臥」⬇「使」なので、「使レ臥二他所一」です。

完璧です。ちなみに、読み問題ではありませんが、「臥」は「臥《が》す」でサ変動詞で、未然形にして「臥せしむ」となります。**漢文ではサ変動詞がけっこう多い**のです。問1の「慷慨懐感せ」も「慷慨懐感す」のサ変ですね。送り仮名がついていなくて、動詞の活用がどうしてもわからない場合は、ひとまず「〜す」のサ変と考えるのも一つの方法です。

例題 設問の解答

問1 これをよめばひとをしてこうがいかいかんせしむ。

問2 しょくしぶをしてしんくんにまみえしむ。

問3 まず罪を受けさせる。

問4 (1) 使レ臥二他所一。 (2) 他の場所に寝かせる。

例題 【書き下し文】・(現代語訳)

問1 【之《これ》を読《よ》めば人《ひと》をして慷慨懐感《こうがいかいかん》せしむ。】(これを読めば［この作品は］人を高揚、感動させる。)

問2 【燭之武《しょくしぶ》をして秦君《しんくん》に見《まみ》えしむ。】(燭之武に秦の君主に謁見させた。)

問3 【先《ま》づ罪《つみ》を受《う》けしむ。】(まず罪を受けさせる。)

問4 【他所《たしょ》に臥《が》せしむ。】(他の場所に寝かせる。)

7時間目 受身

♪イントロ♪

古文の受身の助動詞「る・らる」と同じように、漢文でも「る・らる」と読む助動詞で「受身」を表す方法があります。次の赤字が「る・らる」の助動詞です。

所　為　被　見
レV

V ｛V（四段・未然形＝～a）＋る
　 V（四段以外・未然形＝～~~a~~）＋らル｝（Vされる）

読み方の「る」と「らル」のちがいですが、古文では、「四段・ナ変・ラ変の未然形＋る」、「それ以外の未然形＋らる」ですよね。漢文の「る」は四段だけなんですか？

漢文にはナ変動詞はありません。また、ラ変も受身にはならないので、四段のみと書いていますが、別にあると思っていても支障はありませんので、「古文と同じ」と覚えたほうがラクな人はそれでかまいません。また、「四段かそれ以外か」のほうがラクな人はそれでもよいし、どちらにしろ、「～a＋る」、「～~~a~~＋らる」をおさえればOKです。

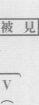

例

見レ追ハ。【追《お》はる。】（追放される。）

被ルレ駆除セ。【駆除《くじょ》せらる。】（駆除される。）

とにかくa段にしてから「る」をつけたいので、「〜a」ではないものは「らル」となるのです。

ところで、「使役」と同じように、漢字を用いた助動詞を使わずに受身を表す方法もありますか？

ありますよ！　こちらも入試頻出です。

為ニル N ノ所レト V スル【NのVする所《ところ》と為《な》る】（NにVされる）

例 為ニル 王維 ノ所レト 知ル。【王維《おうい》の知《し》る所《ところ》と為《な》る。】（王維に知られる。）

「Nの」の送り仮名がポイントです！　訳は「Nに」ですが、書き下し文は「Nの」なので気をつけましょう。

「Nの」だけではなく「NのVするところとなる」と読めても、覚えてないと「受身」とわからないので、白文で出てきたときに気づけるようにしておかなきゃ。

そうですね。**「為」と「所」が近くで使用されている場合**は、「受身じゃないかな」と考えて、**「為」と「所」の間にNがあるか、「所」の下にVがあるかを確認しましょう**。問題の傍線部に「為」と「所」がある場合はわかりやすいのですが、本文中で白文だとしても気づけるようにしましょう。「為」と「所」が近くで使用されている ⬇ 「受身」を考える！　です。

さて、他にも**置き字**を使用して、送り仮名「ル・ラル」を用いて受身になる形もあります。

V ラル／ル 二 于・乎・於 N 一 【NにV｛る／らる｝】（NにVされる）

＊｛a＋ル／~~a~~＋ラル｝

＊NがVの動作主のときに、Vに送り仮名「ル・ラル」を送って受身を表す。

例 養ハル 二 於 兄 一。【兄《あに》に養《やしな》はる。】（兄に養われる。）

＊「養う」の主語が「兄」の場合、「受身」。

あと、きっと「使役」と同じように、「**本文中の他のところで使われている同一漢字の送り仮名**」もありますね？

そのとおりです！

たくさんあるけれど、古文と似ていたり、同じようなものが多かったりするので、一つずつきちんとクリアしていくと負担に感じなくなってきました。

よい調子ですね。それでは、**例題**にチャレンジしましょう。

例題

問1 「為人所発」の訓読として、最も適切なものを次の中から選べ。

ア ひととなりしょはつたり

イ ひとのあばくところとなる

ウ ひとのためにはなたる

エ ひとたればひらくところとなる

（上智大）

問2 「為他船所獲」の意味として最も適当なものを、次の中から選べ。

ア 他の船に救いを求めた

イ 他の船に助けられた

ウ 他の船に金品を差し出した

エ 他の船に急を知らせた

（獨協大）

問3 「為㆓大鮫魚㆒所㆑苦。」の読みとして最も適当なものを、次の中から選べ。

ア 大鮫魚となりて苦しむ所となる。

イ 大鮫魚のために苦しめらる。

ウ 大鮫魚となして苦しむ所とす。

エ 大鮫魚にして苦しき所とす。

オ 大鮫魚をして苦しめさす。

（清泉女子大）

例題 設問の解説

問1は「為」と「所」が近くで使用されているので、「受身」の可能性を考えるのでしたね。

「為」と「所」の間が「人」でN、「所」の下の「発」をVと考えて、「NのVする所《ところ》と為《な》る」の読み方になっているイにしました。正直言って、「発」のVの読み方がわからなかったのですが、この読み方ができているのがイのみだったので……。

それでOKですよ。逆に選択肢から「あばく」⬇「『暴露』系の意味かな」と本文を読むうえで利用すればよいのです。ここでは「発掘する」の意味ですが、本文がないとわからないので、「人にあばかれる」がわかればOKです。

問2も「為」と「所」に気づけました。間の「他船」＝N、「獲」＝Vと確認して、受身の句法だと確信したので、「〜られる」の意味が取れているイにしました。

正解です。ねっ、「為」と「所」の問題って頻出でしょ？　本文中にあるときも自力で気づけるようになってくださいね。

問3も、「為」と「所」があるから、「〜所となる」と読めているアにしました。

残念、×です。形は「為」と「所」で問1・2と似てますよね。でも、アの上からきちんと確認してみましたか？

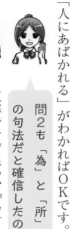

「大鮫魚となりて」……ん？「Nの」ではないから、おかしいですね……。

そうですよね。しかも、返り点もついています。冷静に読むと、「NのVする所と為る」の読み方ができないことに気づけなければいけません。

本当だ……。

問3は「所」の文字を、「苦しむ」＝Vから返って読んでますよね。では、この「所」は何ですか？

あ！「所レV」だから、「所」は**受身の助動詞**「る・らル」ですね。そうすると、イ「～苦しめらる」が正解？

そういうことです。受身の助動詞として「所」を用いた問題を出題するのは珍しいのですが、このように、「NのVする所と為る」のひっかけのような問題も出題されているので、取り上げてみました。

受身の漢字の助動詞として頻出なのは「見レV」です。「見」は、前回学習したように、動詞で「まみゆ」（謁見《えっけん》する）もありましたよね。大事な漢字です。「見レV」は**受身の助動詞**から考えられるようにしましょう。

例題 設問の解答

問1 イ

問2 イ

問3 イ

例題 【書き下し文】・（現代語訳）

問1 【人《ひと》の発《あば》く所《ところ》と為《な》る】（人に発掘された）

問2 【他船《たせん》の獲《う》る所《ところ》と為《な》る】

問3 【大鮫魚《たいこうぎょ》の為《ため》に苦《くる》しめらる。】（大鮫《おおざめ》によって苦しめられた。）

♪イントロ♪♪

「**否定**」は、「**二重否定**」や「**部分否定**」など大事なものがたくさんありますが、すべては「**単純否定**」の理解にかかっています。「単純否定」さえしっかり理解できれば、あとはもうスラスラ頭に入るようになりますよ。

その大事な「単純否定」って、どんなのですか？

代表的なのは「**不**」「**無**」「**非**」の三種類ですが、その前に土台となる大事なことを復習しておきます。

「否定」は、基本的に**下から返る**「**返読文字**」（➡【**3時間目**】）でしたよね。つまり、「**下**」**の内容を否定する**のです。これを頭にたたき込みましょう。

そして、先ほどの三種類が、それぞれ「**何を**」**否定するのか**が大切です。

たとえば、「無人」と「非人」。どちらも否定ですが、意味はまったくちがいますよね？（もし、今わからなくても大丈夫！）

とにかく、「否定」を学習するには、まずは「単純否定」をしっかりおさえることが肝心です。

それでは、確認していきましょう。

1 不・弗【ず】（〜しない）⬇「動作」の否定

「不」は、返読文字のときに学習しましたね。「弗」の字は、あまり見た記憶がないのですが……。

「弗」は「振り仮名があるはずなので覚えなくてもいい」と言われるかもしれませんが、最近は振り仮名ナシで、しかも問題として出題されることもあるので、「不」と「弗」はセットで覚えておくべきです。

「**不・弗**」＝「ず」と読む「**動作の否定**」です。「直立不動」の「不動」で覚えておくと便利ですよ。

> 例　不レ動カ（下を否定）　【動《うご》かず。】（動かない。）⬇「**動作の否定**」だとその場でわかる

「不治の病」も「治らない病気」ですね。「不明」や「不まじめ」など、動詞ではない場合もありますが、「不」の下は基本的にはVで、「Vしない」と訳します。

2 無シ・莫シ・毋シ・勿シ【無《な》し・莫《な》し・毋《な》し・勿《な》し】（〜がない）⬇「存在・所有」の否定

たくさん漢字がありますね。「無・莫・毋・勿」は全部覚えなきゃダメですか？

まずは「無」をおさえるべきですが、全部大事です。振り仮名がついているときもありますが、なかったり、難関大では出題されたりします。書けなくてもよいので、見て「なシ」と読める

ようにしましょう。

これは、「**存在・所有**」の否定なんですね。さっきの「不動」のように、何か覚えやすい言葉はありますか？

はい！「無人」や「無糖」などが身近でわかりやすいですね。

例 無シレ人。 下を否定 【人無《ひとな》し。】（人がいない）➡「〜がない」の訳も「**存在・所有**」の否定もその場でわかる

＊基本的に、下は名詞。**活用語**の場合は**連体形**（＋モノ・コト）と読む。

あと、「**勿**」の文字は、**禁止**「なカレ」で使用する場合も多いんです。否定か禁止は文脈で簡単に判断できるので、心配しなくてOKです。ただ、「禁止」もあるということは「勿忘」【忘るる勿かれ】（忘れるな）ですね！

3 **非**ズ・**匪**ズ【（〜に）非《あら》ず・匪《あら》ず】（〜ではない）➡「**状態・内容**」の否定

「**非**」と「**匪**」の二つしかなくて似ているので、これは余裕ですね。「**状態・内容**」の否定とはたとえば……？

「非常」＝「日常ではない」や、「非人道的」＝「人道的ではない」などです。

例 下を否定

非ズレ常ニ。**【常《つね》に非《あら》ず。】**（常ではない。）⬇「〜ではない」の訳も**「状態・内容」**の否定もその場でわかる

＊基本的に、下は名詞。**活用語**の場合は**連体形**（＋モノ・コト）と読む。

「非・匪」は直前に「〜ニ」の送り仮名を送ることがポイントです。**古文の断定の助動詞「なり」の語源は「に＋あり」**です（これは古文文法のなかでも、とっても大切な情報ですよ）。この否定の読み方「〜ニあらズ」は、「〜に＋あり」＝「断定」に、「ず」がついて打ち消しています。つまり、「〜ニあらズ」＝「〜ではない」の訳が、覚え込まなくても自然に出てきますね。

古文の復習もできて得した気分です♪

それでは、最初の「無人」と「非人」、きちんと訳せますか？

「無人」は「人がいない」で、「非人」は「人ではない」。たしかに、全然ちがいますね。

同じ「否定」ですが、**何を否定して、どのように訳すのかがとっても大事**なのです。ですが、先ほど解説した「不動」「無人」「非常」など、ふだん使用している言葉をそのまま利用すれば、「必死で覚える」作業は不要ですよね！

では、この土台を踏まえて、入試頻出の「**二重否定**」を見ていきましょう。

「二重否定」とは、「否定」の文字を二つ重ねているものです。たとえば「好きでないわけがない」というセリフ、ふつうに「好き」というより「好き」の気持ちが強いですよね。

このように、名前は「二重否定」ですが、「二重否定」＝「**強い肯定**」です。

では、「単純否定」のみで構成されている頻出のものを見てみましょう。ざっと目を通すだけでよいです。今は「覚えよう」とせず、「見たことある文字がたしかに二つ重なってるナ」くらいでよいですよ。

1 無シレ不ル（ハ）二～一【～ざル（ハ）無シ】（～しないものはない）⬇必ず～する／みな～する

＊ここでは、平仮名にすべき漢字を平仮名、送り仮名はカタカナ表記にしている（以下同）。

2 非ズレ不ルニ二～一【～ざルニ非ズ】（～しないのではない）⬇非常に～する

3 非ズレ無キニ二～一【～無キニ非ズ】（～がないのではない）⬇～がたくさんある・いる

4 無シレ非ザル（ハ）二～一ニ【～ニ非ザル（ハ）無シ】（～ではないものはない）⬇みな～だ

文字の組合せや上下が逆になっているだけで、見た目がとても似ていますね。なのに、読み方や訳し方がちがうし、これを最終的に全部覚えなきゃいけないのかと思うと、本当に憂鬱《ゆううつ》です……。

そう思いますよね。でもね、じつはすでに覚えたも同然なんですよ。「**否定**」**が**「**下**」**の内容を否定すること**と、「**単純否定**」**の知識**を使えば、楽勝です！　具体的に、**1**「無不～」から見ましょう。

1
無シレ（下を否定）＝不ル(ハ)二（下を否定）～一【～ざル（ハ）無シ】（～しないものはない）⬇「必ず～する／みな～する」
＝ ～がない・～しない ／ ～はない
覚えなくても直訳がわかればわかる
＊「無」の直前に読む**活用語は連体形**。
「ず」の連体形＝「ざる」（漢文では「ず」は「ぬ」・「ね」とは活用しない）。

このように、「下の内容を否定する」（＝**下から返って読む**）＋「**単純否定**」をしっかりおさえていれば、白文でもその場で二重否定はわかりますよ！ **例**で確認しましょう。

例 無シ不ル為サ。【為《な》さざる無《な》し。】（しないものはない。⬇ 全部する）

では、**2**も同じように分析してみましょう。

2
非ズレ（下を否定）＝不ルニ二（下を否定）～一【～ざルニ非《あら》ズ】（～しないのではない）⬇「非常に～する」
＝ ～ではない ～しない
＊「～に非ず」の「に」が「**断定**」＝接続は**体言**か**連体形**。「ず」⬇「ざる」

わ～！「**下を否定**」＋「**単純否定**」のポイントがわかると、本当にその場でわかりますね！最初は、これを全部覚えなきゃいけないのかと憂鬱でしかなかったけど、今は逆に楽しいかも♪

「単純否定」よりも、「二重否定」のほうがたくさん出題されますが、いきなり「二重否定」を全部丸暗記しようとすると、とてもたいへんですよね。効率よく、いちばんラクに定着できる順番で学ぶと、こんなにカンタンなのです。

さて、残り二つもポイントの箇所を赤字にしておきます。きっと、それだけで理解できるはずですよ。

3 **非**ズレ**無**キニ二〜一 **【〜無《な》キニ非《あら》ズ】**（〜がないのではない）⬇「〜がたくさんある・いる」

4 **無**シレ**非**ザル（ハ）二〜一 **【〜ニ非《あら》ザル（ハ）無《な》シ】**（〜ではないものはない）⬇「みな〜だ」

覚えなくても直訳からわかる

次は「**不可能**」**1**〜**3**を学びましょう。

1 **不**レ**可**カラレ**V** **【V（＝終止形）べカラず】**⬇「**許可**」

2 **不**レ**能**ハレ**V**（コト） **【V（＝連体形）（コト）能《あた》ハず】**⬇「**能力**」

3 **不**レ**得**レ**V**ヲ **【V（＝連体形）ヲ得《え》ず】**⬇「**機会**」

これらはすべて「**V**できない」と訳します。それぞれのちがいは必死で覚えなくてもよいのですが、たとえば、「泳げない」といっても、体調不良でドクターストップされている＝**1**、カナヅチ（＝もともと泳げない人）＝**2**、水がない＝**3**ですね。

それよりも、「不可能」＝「否定」⬇全部**下の内容が**「**V**できない」、が大事です。すべて下から返って読みます。

1「**不可V**」の「**不**」も「**可**」も返読文字ですよね。

そうですね。まずは読み方がポイント。「**可**」＝「べシ」でしたね。「ず」が接続しているので、古文と同じく「べし」を**未然形**にして「べカラず」と読みます。「べし」の**直前に読むV**は（「べし」の接続＝）**終止形**で読みますよ。「許可がなくてできない」は「許可」の「可」でわかりやすいですね。ただし、「**禁止**」の場合もあるので気をつけましょう。「不可」という熟語として私たちも日常で使用しますね。「不可です」と言われたら「できない」とわかりますよね。

下の内容が「できない」

例 不レ可カラレ求ム。

【求《もと》むべからず。】（求めることができない。）

2 「**不能V**」も「解読不能」とかで今でも使いますよね。だから、「Vできない」だとわかります。

そうですね。そして、この「できない」は能力的に「できない」。「能力」の「能」でわかりますね。それよりも何よりも、これは**読み方が頻出**！「あた八ず」です。ちなみに、肯定「できる」のときは「よク」と読みます。

「よク」と「あた八ず」って全然ちがう！

だから、入試頻出なのです。もちろん「**能**《よ》**ク**」＝「できる」、「**能**《あた》**ハず**」＝「できない」の意味も大事ですよ。「不レ能」は、下から返ってくるときに**Vを連体形で読み、「コト」を送り仮名で入れてもかまいません**。「Vスル（コト）能ハず」ですね。

例　下の内容が「できない」

不ル㆑能ハ㆑勝ル㆓吾子ニ㆒也。【吾子《ごし》に勝《まさ》る能《あた》はざるなり。】（あなたにまさることはできないのだ。）

3「**不得Ｖ**」も、**Ｖを連体形で読む**んですね。

古文の助詞「を」の接続も**連体形**ですね。3は、機会がなくて「できない」です。

例　下の内容が「できない」

不㆑得㆑帰ルコトヲ漢ニ。【漢《かん》に帰《かへ》ることを得《え》ず。】（漢に帰ることができない。）

ただし、「不㆑得」は、下が体言なら、「体言を手に入れない」で、**ふつうの動詞「得＝手に入れる」の否定**になるので気をつけましょう。

次のように不可能の「**二重否定**」もありますが、考え方は同様です。

下が「できない」　下を否定

不㆑可カラ㆑不ル㆓～㆒【～ざルべカラず】（～しないことはできない）⬇「～しないわけにはいかない」

＝～できない　＝～しない

覚えなくても直訳からわかる

「不可」と「不」のカタマリに分けて考え、「**不**」＝「～しない」、「**不可**」＝「できない」で、それぞれ下の内容の否定です。よって、直訳は「～しないことはできない」ですよね。つまり、「～しないわけにはいかない」という意味です。

例 不可不精選。【精選《せいせん》せざるべからず。】（精選しないわけにはいかない。）

基本をしっかりおさえていると、白文でもできますね！
それでは、**例題**にチャレンジしましょう。

例題

問1 「無キハ二弗ルレ与ヘ者一、……」の傍線部の読みを、平仮名で記しなさい。 （学習院大）

問2 「非二復タ別離ノ時一ニ」の傍線部の読みを、送り仮名も含めて、すべてひらがなで記せ。 （大妻女子大）

問3 「能為ル二牧之一者ハ上也。」の傍線部を送り仮名も含めて訓読しなさい。 （長崎大）
〔注〕牧之《ぼくし》……晩唐を代表する詩人の一人である杜牧《とぼく》のこと。牧之は字《あざな》。

問4 「無シレ不ルハ二経行セ一。」をすべてひらがな（現代かなづかい）で書き下し文にしなさい。 （小樽商科大）

問5 「未ダルレ有ラレ不ルコトレ能ハレ記ス也。」を平仮名で書き下しなさい。（金沢大）

問6 「路塞《ふさ》ガリテ不得通。」の傍線部をすべて平仮名で書き下せ。現代仮名づかいでよい。（東北大）

問7 「不レ可カラレ不ル二亟《すみ》ヤカニ来リ謁セ一。」を口語訳せよ。（東北大）

例題 設問の解説

問1〜3の読みの問題は任せてください。問1「**弗**」は「**不**」と同じ「ず」です。送り仮名に「ル」があるので「ざる」の「ざ」。送り仮名がなくても、「者」に続くから連体形で「ざる」と読めます。問2は、「**非**」なので「あらず」です。直前の送り仮名も「二」になっています。そして、問3は「**能**」**だけ**なので「よく」です。「できる」の意味ですよね。「不能」だと「あたはず」で「できない」。どちらも大事だと学習したので覚えてました！

すばらしい。問4も入試問題そのままなのですが、訓点がついていてとっても親切ですね。難関大志望の人は、これが白文で出題される可能性のほうが高いと思ってください。白文でも、みなさんはできるはずですよ。

「無不〜」だから、下から返って読むので「〜ざる（は）なし」ですね。「経行」は「不」の下なのでV。とりあえずサ変動詞と考えて未然形に活用させると、「けいこうせざる（は）なし」ですね。

そのとおり！　訓点があれば、素直に従って読むだけでOKのサービス問題です。よって、問5はどうなりますか？

「未」が再読文字ですね。あと、文末に「也」があり、**上に疑問・反語の文字がないから**、この「也」は**断定**「なり」です（⬇【4時間目】）。ふつうの書き下し文は「未だ記す能はざること有らざるなり」ですね。

そうですね。あとは指示どおり平仮名にして「いまだしるすあたはざることあらざるなり」が正解です。

問6は「不得」の下が「通」でVと考えられるため、「連体形を得ず」という「不可能」の句法ですね。よって、「とおるをえず」。上の文脈から考えても「道路がふさがっていて、通ることができない」でOKなので、これも自信あります。

問7も入試問題そのままですが、訓点がついていてとても親切です。「～ざるべからず」の口語訳ですね。

直訳が「～しないことはできない」⬇「～しないわけにはいかない」ですね。「すぐに来て何かをしなければいけない」のはわかったのですが、「謁」が難しくて……。

今の段階では、「～しないわけにはいかない」がわかっていればOKとしましょう。ちなみに、**漢字の意味がわからない場合は、その漢字を使った二字熟語を思い浮かべられるとわかる場合が多い**ですよ。この場合は、「謁見《えっけん》」や「拝謁《はいえつ》」（どちらも「えらい人に会う」の意味）などの二字熟語を思い浮かべられたらできますね。正解は「すぐにやってきて謁見しないわけにはいかない」です。

例題　設問の解答

問1　ざ

問2　あらず

問3　よく

問4　けいこうせざるはなし。

問5　いまだしるすあたはざることあらざるなり。

問6　とおるをえず

問7　すぐにやってきて謁見しないわけにはいかない。

例題　【書き下し文】・（現代語訳）

問1
【与《あた》へざる者《もの》無《な》きは、……】（与えない者がいないのは〔＝誰《だれ》にでも与えるのは〕、……）

問2
【復《ま》た別離《べつり》の時《とき》に非《あら》ず】（もう一度別離の時ではない）

問3
【能《よ》く牧之《ぼくし》為《た》る者《もの》は上《じょう》なり。】（杜牧《とぼく》は上位であると考えることができる。）

問4 【経行《けいこう》せざるは無《な》し。】（行かないところはなかった。）

問5 【未《いま》だ記《しる》す能《あた》はざること有《あ》らざるなり。】（今までに記せないことはなかったのである。）

問6 【路塞《みちふさ》がりて通《とお》るを得《え》ず。】（道が通行止めで通ることができない。）

問7 【亟《すみ》やかに来《きた》り謁《えっ》せざるべからず。】

9 時間目 否定 ②

♪イントロ♪♪

【8時間目】に「否定」の土台を仕上げました。

下の内容を否定することと、「単純否定」をマスターすることですよね。

他の否定の句法を、さらに見ていきましょう。【8時間目】で学習したことが「否定」のすべての土台ですよ。

では、まず「**全部否定・部分否定**」を学習しましょう。

たとえば、「いつも答えない」と「いつも答えるとは限らない」は、意味が全然ちがいますよね。

「いつも答えない」は毎回（＝全部）答えないから「全部否定」で、「いつも答えるとは限らない」は「答えるときもあれば答えないときもある」から「部分否定」ですね。

そうです。日本語だとそのちがいはわかりやすいですが、漢文では「**常 不 答**」（全部否定）と「**不 常 答**」（部分否定）のように**文字の語順がちがうだけ**なので、「どっち？」となりがちです。万一、間違えてしまうと、訳がまったくちがうので大変ですよね。

「**部分否定**」が**入試頻出**なので、部分否定だけを勉強する人がいますが、ここでは両方学びます。

え〜。覚える数は減らしたほうがラクだから、部分否定だけでいいんじゃないですか？

「必要なことだけ最小限覚える」いう意図はわかりますが、「単純否定」の知識を利用すれば、わざわざ苦労して「覚え」なくても、どちらもその場でカンタンにわかるんです。さらに、「全部否定」も入試に出ないわけではないし、問題になっていなくても本文中にはたくさんあります。ここは、両方学習すべきです。

それでは、実際に見ていきましょう。

常ニ不レ〜　【常《つね》ニ〜ず】（いつも〜ない）　例 常ニ不レ書カ。【常《つね》に書《か》かず。】（いつも書かない。）

不二常ニハ〜一　【常《つね》ニハ・〜ず】（いつも〜とは限らない）　例 不二常ニハ書カ一。【常《つね》には書《か》かず。】（いつも書くとは限らない。）

しつこいのですが、**否定は「下」を否定します**。よって、右側では「常」の意味は生きていて、下の「**〜ない」という状態が「いつも」**なのです。よって、「いつも〜ない」。

左側は「不」は下、つまり「**常」を否定して**「いつもではない」んです（＝「いつも〜とは限らない」）。

あれっ？「不」は「動作」の否定でしたよね？「常」を否定？

読むときは、Vから返って読みますよ。たとえば、「不常書」なら「常には書かず」です。だから、「動作」の否定ですが、全部否定か部分否定かを考えるときには、「下を否定」の考え方に注目して、**「不常〜」なら「常」を否定して「いつもではない」から部分否定**で、「いつも書くとは限らない」と考えたほうがスンナリわかります。ですから、ここはあまり深く考えずに、「**下を否定**」に注目しましょう。

もう一つポイントは、部分否定のとき、送り仮名に「ハ」を足すことです！

全部否定は「常に～ず」ですが、**部分否定**は「常には～ず」。「下を否定」と「読み方」がポイントです。

それでは、同様に「ハ」の送り仮名を足すものをあげておきます。

倶ニ不レ～　【倶《とも》ニ～ず】（両方とも～ない）

不二倶ニハ～一　【倶《とも》ニハ～ず】（両方ともは～ない）

尽ク不レ～　【尽《ことごと》ク～ず】（すべて～ない）

不二尽クハ～一　【尽《ことごと》クハ～ず】（すべて～とは限らない）

＊尽＝盡・悉

甚ダシク不レ～　【甚《はなは》ダシク～ず】（ひどく～ない）

不二甚ダシクハ～一　【甚《はなは》ダシクハ～ず】（それほど～とは限らない）

● 矢印は、読む順ではなく、考え方のイメージ。

六つの公式を全部覚えなくても、「倶」＝とも二（両方とも）、「尽・盡・悉」＝「ことごとク」（すべて）、「甚」＝「はなはダシク」（とても）と読めて意味がわかれば、あとは「下を否定」で、その場でどちらかがわかりますね。

送り仮名が「ハ」以外のものを二つ確認しておきましょう。考え方はまったく同じです。

必ズ不レ～　【必《かなら》ズ～ず】（必ず～ない）

不二必ズシモ～一　【必《かなら》ズシモ～ず】（必ず～とは限らない）

この読み方は、私たちもふだん使っていますね。「必ずしもそうとは限らない」って。

そう。だから、「必」の部分否定は「ハ」ではないけれど、「必ずしも」は覚え込まなくてもわかりますね。

次の「復」は、**どちらの読みも**「まタ～ず」**でまったく同じ**なので、要注意！「復」＝「まタ」（再び）です。

復タ不レ～　【復《ま》タ～ず】（今回もまた～ない）

不二復タ～一　【復《ま》タ～ず】（二度とは～ない）　＊「それっきり～ない」の場合もある。

読み方は同じでも、意味は全部否定と部分否定で、考え方はこれまでと同じですね。右側では「復」が生きていて、「また再び～ない」ということ。つまり、「前もしていないし、今回もまたしない」という全部否定。左側は、「復」（再び）を否定しているので、「一度はしたけれど、再び（＝二回目）はしない」という部分否定。

よくできました。これも丸暗記はキツいですが、「再び（＝二回目）も一〜ない ➡ 前も今回も一〜ない」か、「再び（＝二回目）を否定 ➡ 一度はした」かは、「不」は「下を否定する」というルールを使うと、その場でわかりますね。

次の例で確認しておきましょう。

例 復タ不レ書カ。【復《ま》た書《か》かず。】（今回もまた書かない。）➡ 前も今回も書かない

読み同じ！

不二復タ書一カ。【復《ま》た書《か》かず。】（二度とは書かない。）➡ 一度は書いたけれど、二回目は書かない

次に「**特殊な否定**」1〜7を学習しましょう。

1 未ダ二嘗テ一〜【未《いま》ダ嘗《かつ》テ〜ず】（今まで一度も〜ない）　＊嘗＝曾

例 未ダ二嘗テ更一ヘ。【未《いま》だ嘗《かつ》て更《か》へず。】（今まで一度も変えたことはない。）

再読文字「未」と「嘗」をセットで用いたものです。この二重否定「未嘗不〜」が2です。

2 未ダ三嘗テ不二ンバアラ〜一【未《いま》ダ嘗《かつ》テ〜ずンバアラず】（今まで一度も〜しなかったことはない）

未嘗 ＝ 今まで一度も〜ない　不〜 ＝ 〜しない

➡ いつも必ず〜する

直訳がわかればわかる

「未嘗」と「不」の二つのカタマリに分けて考えるとよさそうですね。下を否定するので、「〜しないことは今まで一度もない」➡「今まで一度も〜しないことはない」と、その場で直訳できますね。

「今まで一度も～しなかったことはない」＝「いつも必ず～する」ですね。あと、ポイントは「不」から「未」に返るときに「～ずんばあらず」という特殊な読み方をします。これは覚えるしかないので、がんばりましょう。

3 不㆓敢ヘテ～㆒【敢《あ》ヘテ～ず】（けっして～ない）

例 不㆓敢ヘテ言㆒ハ。【敢《あ》へて言《い》はず。】（けっして言わない。）

「**敢**」の意味は「思いきって」です。「**不敢**」＝「思いきれない」ですね。「思いきれない」ことは叶いません。思いきって踏み出す勇気が夢を叶える第一歩！「思いきれないならけっして叶わない」⬇「けっして～ない」というイメージで「**強い否定**」と覚えましょう。この二重否定が**4**です。

4

不㆔敢ヘテ（下を否定）＝けっして～ない

不㆓ンバアラ～㆒（下を否定）＝～しない

【敢《あ》ヘテ～ずンバアラず】（～しないわけにはいかない）⬇必ず～する

これも「**不敢**」と「**不**」の二つのカタマリに分けて考えるとよさそうですね。「～しないことはけっしてない」⬇「～しないわけにはいかない」⬇「必ず～する」とわかりますね。

そのとおり。「不」から「不」に返るときの「～ずんばあらず」の読み方も大事でしたね。ちなみに、「不敢～」と上下が入れ変わっている「**敢不～**」を【11時間目】の「反語」で学習します。

5 A不可勝[B]【A勝《あ》ゲテBべカラず・AB二勝《た》フベカラず】（AはBきれないほど多い）

例 財不ㇾルㇾ可ㇾカラ勝ㇾフ[用]ヰルニ也。【財用《ざいもち》ゐるに勝《た》ふべからざるなり。】（財産は使いきれないほど多い。）

書き下し文が二種類ありますが、「A不レ可二勝B一」の場合が「A勝《あ》げてBべからず」、「A不レ可レ勝B一」の場合が「AB勝《た》ふべからず」です。返り点のつき方で読みが変わりますが、どちらも意味は同じで「AはBきれないほど多い」です。

6 無A無B

- AとBが対義語 ➡【Aト無《な》クBト無《な》ク】（AとBの区別なく）
- AとBが~~対義語~~ ➡【AトシテB無《な》キハ無《な》シ】（AにはすべてBがある）

次の例で確認しましょう。

例 無クレ長ト無クレ少ト、…… 【長《ちょう》と無《な》く少《しょう》と無《な》く、……】（年長と年少の区別なく、……）
無シ二人トシテ無キハレ情ケ。 【人《ひと》として情《なさ》け無《な》きは無《な》し。】（人にはすべて思いやりがある。）

「無長無少、……」の場合、「長」と「少」＝「年長」と「年少」の意味なので**対義語**ですよね。

「人」と「情」は対義語ではありません。

「無A無B」の場合は、まずAとBの関係をチェックしましょう。

7 無シ二NトシテルハレV 【NトシテVざルハ無《な》シ】（VしないNはない＝Nなら必ずVする）

読み方は覚えなければいけませんが、さっきの対義語ではない場合と似てますね。そして、下から順番にそのまま訳せば（無 N 不 V）直訳のできあがり！「**否定は下から返って読む**」のルール、本当に便利ですね。

さて、6・7のように、二重否定ではなく一つの文章で二つの否定が使われているとき、他に**「上が否定の仮定条件」**の可能性もあるので、最後に補足で載せておきます。その場合、上の否定の文字の読み方の送り仮名「～ずんば」「～ざれば」「～くんば」などが目安です。

不レ（ンバ・レバ）～
非レ（ズンバ・ザレバ）～
無レ（クンバ・ケレバ）～
　不レ……

もし｛～しなければ／～でなければ／～がなければ｝……しない

例 非ズンバ二其ノ君ニ一不レ事ヘ。【其《そ》の君《きみ》に非《あら》ずんば事《つか》へず。】（もしその主君でなければお仕えしない。）

不レ（ンバ・レバ）～
非レ（ズンバ・ザレバ）～
無レ（クンバ・ケレバ）～
　無レシ……

もし｛～しなければ／～でなければ／～がなければ｝……がない

例 無クンバ二野人一莫シレ養フ二君子ヲ一。【野人《やじん》無《な》くんば君子《くんし》を養《やしな》ふ莫《な》し。】（もし耕作する庶民がいなければ、君子を養っていけない。）

それでは、例題にチャレンジしましょう。

9時間目
否定②

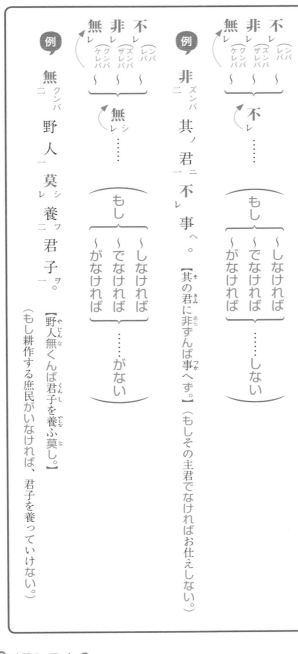

例題

問1 「不復返」は「二度と戻らなかった」という意味である。この意味に即して返り点をつける場合、最も適切なものを次の中から一つ選べ。

ア 不レ復返　イ 不二復レ返一　ウ 不二レ復返一

エ 不レ復レ返　オ 不二復返一

（早稲田大）

問2 「久不二忘失一。」の解釈としてもっとも適当なものを左の中から選びなさい。

ア 長い間忘れることがない。　イ 長く経てば忘れてしまう。

ウ 時の長さを忘れはしない。　エ 時間をかけないと忘れる。

オ 時間はかかるが忘れない。

（中央大）

問3 「未ダ(ル)レ有ラ二不ルレ溺レ者一也。」を現代語に訳せ。

（熊本大）

問4 「未曾棄人。」をすべて平仮名で書き下しなさい（現代仮名遣いでよい）。

（神戸大）

例題　設問の解説

問1は設問文の訳から「復《ま》た返《かへ》らず」と読むことがわかりますね。訳がなくても「**不復～**」は「復《ま》タ～ず」と学習しましたので、みなさんなら、白文だけでも解ける力がついていますよ。

「返」から「不」に二字以上戻って読むので「返」に一点、「不」に二点だからオですね。

問2は「久不」が全部否定か部分否定かわかりますか？「久」は選択肢から「長い時間」系だとわかりますね。

「不」は下を否定するので、「忘《ぼう》失《しつ》」を否定して「忘れない」です。「久」は生きているから、「長い間忘れない」となる「全部否定」です！正解はアですね。

そのとおりです。問3は訓点アリの親切な問題ですね。訳の問題ですが、まずは書き下し文にできますか？

「未」が**再読文字**、この文末の「也」は「なり」で、「未だ溺れざる者有らざるなり」です。よって、現代語訳は「いまだおぼれない人がいないのである」ですね。

それでは、最後。問4は白文ですね。何か句法に注目できましたか？

「未曾」！「未ダ曾テ～ず」で「今まで一度も～ない」の句法です。

そうですね。では、その下の「棄」と「人」の文の要素はどうなりますか？

Vから探すと「棄」がV。その下の「人」はO。つまり「人を棄《す》てる」ですね。接続に気をつけて全部つないで平仮名にすると、「いまだかつてひとをすてず」ですね。**語順と句法がわかると二次試験の白文でも解けちゃいますね！**

例題 設問の解答

問1 オ
問2 ア
問3 いまだおぼれない人はいないのである。
問4 いまだかつてひとをすてず。

例題 【書き下し文】・（現代語訳）

問1
【復《ま》た返《かへ》らず】

問2
【久《ひさ》しく忘失《ぼうしつ》せず。】

問3
【未《いま》だ溺《おぼ》れざる者有《もの あ》らざるなり。】

問4
【未《いま》だ曾《かつ》て人《ひと》を棄《す》てず。】（今まで一度も人を見捨てたことはない。）

10 時間目 疑問・反語 ①

♪イントロ♪

古文の係助詞「や」・「か」には、**疑問**と**反語**の二つの意味がありますよね。それと同じように、**漢文も疑問と反語は基本的に同じ字を使います**。よって、**白文の場合は見た目では判断できず**、係助詞「や」・「か」のように**文脈判断が必要**です（後ろにその文に対する答えがあれば「疑問」、なければ「反語」）。

文脈判断が必要……少しやっかいな句法ですね。

ですが、送り仮名があれば簡単！ **送り仮名**「～ン（や）」と**一緒に使用されている場合は「反語」**です！ ちなみに、「ン」は古文の助動詞「む」ですよ。

例

疑問　何ゾ去ル。【何《なん》ぞ去《さ》る。】（どうして去るのか。）

反語　何ゾ去ランヤ。【何《なん》ぞ去《さ》らんや。】（どうして去るだろうか、いや、去らない。）

これなら見た目でわかります。「～んや」が反語、便利ですね♪

そうですね。ちなみに、**疑問**の場合は最後を「**連体形**」に活用させます。古文と同じですね。さて、疑問の表し方としては、「文頭形」と「文末形」に分けられます。現代語でも「どうして～したの?」や「行きますか?」、あとは両方含めて「誰が書いたのですか?」と表しますよね。漢文でも同様です。【10時間目】では「文頭形」を七つ確認しましょう。ちなみに、「文頭」とまとめていますが、「文中」の場合もたまにありますので、「**文頭＝文末以外**」と把握してください。

1

何《ゾ》～　「なんゾ～」（どうして～か）

奚《ヲカ》～　「なにヲカ～」（何を～か）

胡《レノ》～　「いづレノ～」（どの～か）

胡《クニ(カ)》～　「いづクニ(カ)～」（どこに～か）

曷《レ》～　「いづレ～」（どちらの～）

＊「何」は「奚・胡・曷」の表記もある（以下同）。

例　反語　**何**《ゾ》**不**《ラン》レ**用**《ヒ》**也**。【何《なん》ぞ用《もち》ひざらんや。】（どうして用いないだろうか、いや、用いる。）

＊「読み」は、書き下し文で漢字の部分を平仮名、送り仮名をカタカナ表記にしている。

＊（訳）は、疑問の訳で載せている。反語の場合は、例のように「いや、～ない」をつけ足して訳す（以下同）。

一つめから文字がたくさんあるし、読み方もいっぱいだし、すでに拒否反応が出そうです。

最初から全部を完璧にしようとするとキツイですよね。まずは「**何**」の文字だけでよいです。残りは振り仮名がある可能性が高く、その場でわかる場合が多いのです。ただし、最近あえて振り仮名ナシで、読みや意味を出題する難関大もあるので、何度も見返して覚えましょう。「漢作文」はないから、「**奚・胡・曷**」を見たときに「**何**」と同じとわかればそれでOKですよ。**読み方と訳し方をセットで覚**

えることが大事です。たくさんありますが、冷静に見ると難しくないですよ。

たしかに「いづれの」＝「どの」はわかるし、全部なんとなくわかりますね。

日本語の「**場所**」の**疑問**「いづこへ？」と「いづくにか」は響きが似ていますよね。「いづくにか」⬇「いづこ」＝「どこ」で覚えるとよいですね。これらも送り仮名があればわかるのですが、白文の場合は、どの読みなのか文脈判断が必要です。

左記の形でも文章によく出てきますよ。

何《ゾ》**不**《ル》レ～「なんゾ～ざル」（どうして～しないのか）
何《ゾ》**能**《ク》～「なんゾよク～」（どうして～できるのか）

その他の知っておくべき二字熟語もあげておきます。

何《レノ》**日**《ニカ》～「いづレノひニカ～」（いつ）
何《レノ》**処**《ニカ》～「いづレノところニカ～」（どこ）

2 **何為**《レゾ》～「なんすレゾ～」（どうして～か）
＊**何為**《ル》**者**《ゾ》「なんすルものゾ」（何者か）
＊**何**《ヲ》**為**《ス》レ～《ト》「なにヲ～トなス」（何を～と判断するのか）

例 **何為**《レゾ》言《フ》。【何為《なんす》れぞ言《い》ふ。】（どうして言うのか。）
連体形 or 「ン」がない ⬇ 疑問

「為」に返り点がついておらず「**何為**」と連続して読む場合は「なんすレゾ」、「**者**」がついたら「なんするものゾ」です。

「為」に返り点がついている場合は、読み方も訳も全然ちがうので注意しましょう。

10時間目 疑問・反語❶

つまり、白文なら文脈判断しなきゃいけないんですね。

そういうことになりますが、もし読み方を出題されていれば、圧倒的に「なんすレゾ」が多いのです。出題されていなくても、訳が全然ちがうからわかるので心配不要ですよ。

では、息抜きに簡単な**3**を見ましょう。

3 **誰**～
「たれカ～」（誰が～か）
「たれヲカ～」（誰を～か）

例 誰カ復タ楽《ねが》ハンレ我ヲ。（主語・反語）
【誰《たれ》か復《ま》た我《われ》を楽《ねが》はん。】
（誰が再び私を喜んで受け入れるか、いや、受け入れない。）

読み方が「だれ」ではなく「たれ」になっていることだけに注意して、あとは「たれカ」なら「誰が～」だし、「たれヲカ」なら「誰を～」なので、これは余裕です♪

では、同じく「誰」の意味などの疑問・反語になる文字「孰」を紹介します。

4 **孰**～
（多数）「たれカ～」（誰が～か・どれが～か）
（二者択一）「いづレカ～」（どちらが～か）

例 和漢孰レカ難易ナル。（二者・疑問）
【和漢《わかん》孰《いづ》れか難易なる。】
（中国と日本とどちらが簡単か。）

この「孰」は「たれカ」と「いづレカ」の読みが大事。白文の場合も、**文章中に二者が示されていれば**「いづレカ」です。

この「孰」の文字を見たときに、二つの読み方がすぐに頭に思い浮かべられるようにしましょう。

5 **何ヲ以テ(カ)～**「なにヲもつテ(カ)」｛(どうして～か)／(何によって～か)

例 何ヲ以テ信任シテ不ルレ疑ハ。 疑問 【何《なに》を以《もっ》て信任《しんにん》して疑《うたが》はざる。】

(どうして信任して疑わなかったのか。)

「**以**」は「**理由・手段**」を表します。よって、「理由・手段」の疑問か反語。「以」に関しては【18時間目】にくわしく学習しますが、「理由・手段」のはたらきは先取りでおさえておきましょう。とっても大事です。

6 **安・悪・焉～**「いづクニカ～」(どこに～か)／「いづくンゾ～」(どうして～か)

例 居悪クニカ在ル。 疑問 【居《きょ》悪《いづ》くにか在《あ》る。】

(家はどこにあるのか。)

これらは、「**安・悪・焉**」の漢字を見て、「いづクニカ」と「いづくンゾ」の読み方がすぐに出てくるようにしましょう。

あの、「いづクニカ」は「ク」からが送り仮名で、「いづくンゾ」の「く」は送り仮名ではないのですか？　どっちがどっちだったか絶対忘れてしまいそうです……。

その心配は無用です。漢文の送り仮名はけっこういいかげんなので、「いづくニカ」や「いづクンゾ」のときもあります。**どこから送り仮名かなんて覚える必要はない**のです。「以」も「以て」と「以つて」がありますよね。どちらもＯＫなのです。

そうなんですね！　ちょっと安心できました。

「訳」と「読み」をセットで覚えることのほうがよっぽど大事です。でも、「いづクニカ」＝「どこ」は大丈夫ですよね？

はい！「いづくにか」⬇「いづこ」＝「どこ」で覚えました。

OK！ では、今回は「いづくンゾ」という読み＝「どうして～」という疑問と反語の訳をしっかり覚えましょう。

わかりました。次で「**文頭形**」は最後ですね。

7 如何ゾ・奈何ゾ・若何ゾ～ 「いかんゾ～」（どうして～か）

例 **如何ゾ**笑フ。【如何《いかん》ぞ笑《わら》ふ。】

疑問（どうして笑うのか。）

先に予告をしておくと、これと同じ形が「文末形」にもあるので、**文頭**か**文中**に「**如何・奈何・若何～**」があれば、「いかんゾ～」と読み、「どうして～か」と訳す**疑問**か**反語**としっかりおさえておきましょう。

最初にも書きましたが、訳はすべて疑問の訳で載せていますので、反語であれば適宜反語の訳にしてくださいね。

ちなみに、反語になる見分け方は？

「～ん（や）」という送り仮名！

バッチリですね。それでは、**例題**にチャレンジしましょう。

例題

問1　「民焉クンゾ有ラン二不仁ナル者一乎。」の傍線部の読みを、平仮名の現代仮名遣いで記しなさい。（学習院大）

問2　「奈何相ヒ辱《はづかし》ムルコト如キレ此クノ。」の傍線部は、文中でどのように読むか。その読み方を送り仮名も含めて平仮名で記せ（現代仮名づかいでもよい）。（広島大）

問3　「何処啼鶯切ナル」の傍線部の読み方を、送り仮名を含めて現代仮名遣いで記せ。（東京学芸大）

問4　「民安所措其手足」を「たみいずくにかそのしゅそくをおくところぞ」と読むには、どのように返り点を付ければよいか。次の白文に返り点を付けなさい。

民　安　所　措　其　手　足　。

（福岡女子大）

問5　「彼　何　為　者」の意味として最も適切なものを、次の中から一つ選べ。

ア　彼らはいったいいかなる者たちだ。
イ　彼らはなぜ皇太子に従っているのだ。
ウ　彼らはいつどこからやって来たのだ。
エ　彼らは何の目的でここに呼ばれたのだ。
オ　彼らはなぜあのような格好をしているのだ。

（早稲田大）

問6　「孰　喚　汝　来」（返り点・送り仮名は省いてある）の意味として最も適当と思われるものを次の中から一つ選びなさい。

ア　もうお前の番になったのか
イ　お前はどこに行っていたのか
ウ　誰がお前を呼んだのか
エ　こんなところに来ると叱られるぞ

（南山大）

問7　「安ンゾ能ク復タ投ジテ二＊網罟《まうこ》ニ一而入ラン二＊樊籠《はんろう》ニ一乎《や》。」の解釈として最も適当なものを、次のうちから一つ選べ。

〔注〕網罟……あみ。　樊籠……鳥かご。

ア　網の中に飛び込んだり鳥かごの中に入ったりするように、諸君の求めるままに喜んで帰郷したい。
イ　網の中に飛び込みなおかつ鳥かごの中に入るように、あえて無理なことに挑戦したい。

ウ　網の中に飛び込みなおかつ鳥かごの中に入ることが無理なのと同様、帰るか留まるかは決められない。

エ　網の中に飛び込むよりも鳥かごの中に入ることを選ぶのと同様、私はいつまでもここに留まりたい。

オ　網の中に飛び込んだり鳥かごの中に入ったりするような状況に、もういちど身を置くことなどできない。

（立教大）

例題　設問の解説

問1は送り仮名まで書いてくれてあるので、とっても簡単でした。「いづくんぞ」ですよね。指示どおり、現代仮名遣いにして、正解は「いず」ですね。

そうです。「焉」は文末にあれば置き字で無視することもありますが、**文頭や文中の「焉」は無視しない**ように気をつけてくださいね。

では、問2。こちらも読みの問題で、**文頭の「奈何」**は「いかんぞ」が正解。

「いかんぞ」は書き下し文でも全部平仮名ですか？

いえ、「奈何ぞ」です。送り仮名の「ぞ」だけが平仮名で、「奈何」は漢字ですよ。続いて、問3も読みの問題です。

「何処」は「いづれのところにか」ですよね。

そうなのですが、そのままだと✕です。設問文には**「現代仮名遣いで」**とありますよ。

あ、うっかりしていました。では、「いずれのところにか」が正解ですね。

設問は必ずきちんと確認しましょう。ちなみに、「何処」を「いづく」と読むこともあり、別解として「いずくにか」でもよいのですが、基本的には「いづれのところにか」の読みを押さえておいてください。

問4は返り点を付ける問題です。ヒントの読みがすべて平仮名なので、漢字・仮名まじりの書き下し文にしてみましょう。ちなみに、この読みのどこが今回学習した「疑問・反語」に関わるもので、該当する漢字はどれですか？

「いずくにか」で、この漢字の中からだと「**安**」ですね。よって、漢字・仮名まじりにすると、「民安くにか其の手足を措く所ぞ」となるから、「所」にレ点、「措」は「足」から二字以上返って読んでいるから、「措」に二点、「足」に一点ですね。正直、「措」の漢字は読めなかったのですが、消去法で「お（く）」だと判断しました。

そういう考え方、とても大事です。わからないものがあっても諦めず、わかるところから攻めていく。そうすると、道が開ける場合もけっこうありますよ。

問5は「**何為者**」だから「なんすルものゾ」と読んで「何者だ」の意味。その意味でとれるのはアのみです。

問6も意味の問題ですね。ポイントは「**孰**」です。

「**孰**」は「たれカ」か「いづレカ」と読んで、「誰が」や「どれが」、「どちらが」の訳でしたよね。そうすると、該当するのは、「誰が」と訳しているウのみです。

問7も解釈問題なので意味と同じです。文頭が「**安ンゾ**」ですね。疑問か反語かどちらですか。

「～ン乎《や》」なので**反語**です！　簡単にわかりましたが、選択肢の最後が疑問になっているものもないですよね。

選択肢を利用するという目の付け方も素晴らしいですね。まあ、ここは「～ン乎《や》」で即答してほしいので、その点でもバッチリです！　さて、二文字目の「**能**」の読みと意味は何でしたか？

読みは「よク」で「できる」の意味です。

そのとおり。では、今は「反語」なので、結論は「できる」？「できない」？

結論は「できない」です。「網の中や鳥かごに入れない」のと同じ状況に「復タ」＝再びなれないという解釈に該当するのはオです！

例題　設問の解答

問1　いず
問2　いかんぞ
問3　いずれのところにか
問4　民安所㆑措㆓其手足㆒。
問5　ア
問6　ウ
問7　オ

例題　【書き下し文】・（現代語訳）

問1
【民《たみ》焉《いづ》くんぞ不仁《ふじん》なる者《もの》有《あ》らんや。】
（どうして人民に不仁な〔＝悪いことを行う〕者がいるだろうか、いや、いない。）

問2
【奈何《いかん》ぞ相《あ》ひ辱《はづかし》むること此《か》くの如《ごと》き。】（どうしてこのように辱めることがあるのか。）

問3
【何《いづ》れの処《ところ》にか啼鶯《ていおう》切《せつ》なる】（どこで鶯がしきりに鳴くのか。）

問4
【民《たみ》安《いづ》くにか其《そ》の手足《しゆそく》を措《お》く所《ところ》ぞ。】（人民はどこにその手足を置くのか。）

問5
【彼《かれ》何《なん》為《す》る者《もの》ぞ】

問6
【孰《たれ》か汝《なんぢ》を喚《よ》びて来《き》たらしむる】

問7
【安《いづく》んぞ能《よ》く復《ま》た網罟《まうこ》に投《とう》じて樊籠《はんろう》に入《い》らんや。】
（どうしてまた網の中に飛び込んだり鳥かごに入ることができるか、いや、できない〔⬇網の中に飛び込んだり鳥かごの中に入ったりするような状況に、もういちど身を置くことなどできない〕。）

♪イントロ♪♪

まずは、**疑問**と**反語**の「文末形」**1**～**5**を見ていきましょう。

1 ～**乎・哉・耶・邪・也・与・歟**。**【～や・か】**（～か）

例 可キレ放ス**与**《か》。**【放**《はな》**すべきか。】**（追放すべきか。）

疑問の終助詞です。たくさんありますが、目にする機会も多いので自然に定着するのと、振り仮名がある場合も多いので、完璧に覚え込もうとしなくて大丈夫です。

それなら安心です。ところで、「や」、「か」はどうやって読み分けるのですか？

問題になっていなければ、「や」か「か」のどちらかは神経質にならなくてもよいのです。ちなみに、終助詞単独の場合、「**疑問**」なら「か」、「**反語**」なら「や」です。「～ん（や）」が反語の送り仮名なので、「や」＝反語は覚えやすいですよね。「**何**」「**誰**」**などと一緒に使用する場合は、疑問でも反語でも**「**や**」です。あとは、「**体言・連体形＋か**」、「**終止形＋や**」なども目安になります。

2 **～ハ何ゾ也。**「～ハなんゾや」（～はどうしてなのか）

例 後ルルハ何ゾ也。【後《おく》るるは何《なん》ぞや。】（遅れるのはどうしてなのか。）

【4時間目】で勉強した「也」の読み方とつながりますね。文末の「也」で「何」があるから「や」と読む！

文末の「**何也。**」は二文字セットで目をつけられるようになりましょう。直前につける送り仮名は「ハ」です。よって、「～何也」＝「～ハなんゾや」と覚えておきましょう。そして、これは**疑問のみ**です。「反語」になることはないので、「～はどうしてなのか」の「**疑問**」**で確定**です！

3 **幾何**（ゾ・カ・カアラン）。「いくばく（ゾ・カ・カアラン）」（どれくらいだろうか）

例 戸口ハ幾何カアラン。【戸口《ここう》は幾何《いくばく》かあらん。】（家の戸数はどれくらいあるのか。）

「**幾何**」は『**量**』**の疑問か反語**」ですね。反語の場合はどうやって訳すのですか？

「どれくらいだろうか、いや、どれほどでもない」です。

「文末形」で載せましたが、「文中」の場合もじつはあります。どこにあろうが「『量』の疑問か反語」というのは同じです。読みが出題される場合も多いので、「いくばく」と読めるようにしましょう。

4 **如何セン・奈何セン・若何セン。**「いかんセン」（～はどうするか）　＊「方法」の疑問か反語。

例 為スコト之ヲ、如何セン。【之《これ》を為《な》すこと、如何《いかん》せん。】（これをするにはどうしようか。）

【10時間目】でふれていた文末の「如何」ですね。文末だと「いかんセン」と読むのですね。訳も「どうするか」で、文頭とはちがいますね。

そうなんです。だから、ややこしくて苦手な受験生も多いのですが、まずは、**文頭・文中**＝「いかんゾ」、**文末**＝「いかんセン」の読みをしっかりおさえましょう。「いかんセン」の「セ」は**サ変動詞「す」**（＝**する**）**の未然形**です。よって、「いかんセン」と読めたならば、「どうするか」と「する『方法』」の疑問・反語だとその場でわかります。**反語**の訳は「～はどうするか、いや、どうしようもない」です。

これは、**疑問でも「いかんセン」で「ン」と一緒に使う**のですね。「反語」も同じく「いかんセン」でよいのですか？

はい、反語も「いかんセン」です。よって、疑問か反語かは完全に文脈判断が必要ですね。

目的語を足したい場合は、**「如・奈・若」と「何」の間に目的語をはさむ**ことが特徴です。

如レOヲ何セン。　「Oヲいかんセン」（Oをどうすればよいか）　＊如＝奈・若

例　奈二地ノ壊《くづるる》ヲ一何セン。【地《ち》の壊《くづるる》を奈何《いかん》せん。】（地面が崩れてしまうのをどうすればよいか。）

よって、**文末に「何」**を見つけたら、上を確認して「如・奈・若」の文字を探しましょう。**真上にあれば**二字続けて「～いかんセン」です。離れてあれば、**その間が目的語O**になるので「ヲ」の送り仮名を送ります。

5 **～何如・何奈・何若。**「～いかん」（～はどのようであるか）　＊「**状態・結果**」の疑問。

例 意フコト何如。【意《おも》ふこと何如《いかん》。】（どのように思うか。）

うわっ……4とそっくりなのが出てきましたね……。

上下の語順がちがうだけで、読み方も訳もなんとなく似ているけれどちがう、というやっかいなものです。

5は**疑問のみ**で反語になることはありません。「状態・結果」に反語なんてありえないからです。たとえば、テストを受けたなら、よくても悪くても何かしら結果は絶対ありますよね。「どういう結果もない」なんてありえません。だから、「**状態・結果**」**には疑問しかない**のです。

4「いかんセン」の「セ」がサ変＝「**方法**」の疑問でしたね。つまり、「いかん」だけのほうが「**状態・結果**」の疑問です。

漢字を見て正しく読めればその場でできる、ということですね。

そのとおり。たとえば「～如何。」など「**～何。」で終わっている場合**は、送り仮名が書いていなくても「～如何セン。」と「セン」が見えてくるくらいになると理想的ですね。

と言いつつ、最後にさらにイヤなことを言いますが、**4**「**如何・奈何・若何。」で文脈上、どう考えても**「**方法**」**ではなく**「**状態・結果**」**の疑問の場合は、**「**いかんセン**」**ではなく**「いかん」**と読みます。**つまり、「如何・奈何・若何。」も「いかん」と読む場合があり、難関大はあえて文脈判断をさせ、「いかん」と読ませる問題を出す場合があります。

いろいろややこしいですね。まずは、次の基本をおさえましょう。

「〜何。」で終わっている場合は「〜如何《セン》。」と「セン」が見えてくるように。そして、「セ」がサ変だから「する」⬇**「方法」の疑問か反語**。**「何如・何奈・何若。」**は「いかん」で**「状態・結果」の疑問のみ。**

これがスラスラ出てくるようにがんばりましょう。それができれば、プラスアルファとして、じつは「如何・奈何・若何。」も「状態・結果」なら「いかん」と追加で覚えましょう。

最後にややこしいものが出てきましたが、私は焦らず、まずは基本をしっかり仕上げます。

それでいいですよ！ さて、ここまでは「疑問・反語」と同じ文字を使うものを学んできましたが、次に「**反語特有の句法**」1〜5を順番に確認していきましょう。

1 **豈ニ〜ン（哉《や》・乎《や》）**「あニ〜ン（や）」（どうして〜だろうか、いや、〜ない）

例 **豈ニ** 賢ラン二 於 子ヨリ一 **乎。**【豈《あ》に子《し》より賢《まさ》らんや。】（どうしてあなたよりもすぐれているだろうか、いや、すぐれていない。）

【19時間目】できちんとまとめますが、じつは、「豈」には反語以外もあります。まず第一に「反語」です！

「〜ン（や）」が反語のキーワードですね！

そのとおり！

2 **寧《クンゾ》〜ン（哉《や》・乎《や》）**「いづクンゾ〜ン（や）」（どうして〜だろうか、いや、〜ない）

例 **寧《クンゾ》有《ラン》レ種乎。**【寧《いづ》くんぞ種《しゅ》有《あ》らんや。】（どうして生まれつきの血統があろうか、いや、ない。）

あれっ？「いづクンゾ」と読む字は他にもあったし、疑問の意味もありましたよね？

それは「**安・悪・焉**」ですね（⬇【10時間目】）。これらは疑問と反語、両方の意味をもっていますが、「**寧**」は**反語の意味だけ**なんです。よって、「寧《クンゾ》」＝**反語と確定**！

3 **敢《ヘテ》不《ラン》レ〜（乎《や》）**「あへテ〜ざラン（や）」（どうして〜しないことがあろうか、いや、〜する）

例 **敢《ヘテ》不《ランヤ》レ聴《ハ》レ令《ニ》。**【敢《あ》へて令《れい》に聴《したが》はざらんや。】（どうして命令に従わないことがあろうか、いや、従う。）

否定【9時間目】で学んだ「**不敢**〜」と、とても似ていますね。語順が逆になっているだけ。

そうですね。でも、意味は全然ちがうんです。だから、取り間違えると大変！

ですが、「否定」はカンタンに理解する方法がありましたね？

否定は「**下を否定する**」！「**敢**」の意味は「思いきって」。だから、「**不敢**」は「思いきれない」。思いきれないことは絶対に叶わない。よって、結論「けっして〜ない」でしたよね！ちなみに、読みは「あへテ〜ず」です。

そのとおり。では、それと同じように「敢不～」も考えていきます。「不」は下の「～」の内容を否定するので、「敢」**は生き残り**ます。つまり「思いきれる」から、勇気をもって一歩踏み出せて「できる」（＝する）。よって、結論、**肯定**で「～する」という訳になる、と強引ですが、そう覚えておけば間違いません。

「不」があるのに「～する」になるということは、「不」の意味をひっくり返さなければいけないので、「**敢不～**」は「**反語**」になり、「敢ヘテ～ざランや」という読みになります。「どうして～しないのか、いや、～する」ですね。

丸暗記すると大変そうですが、否定のルールを使ったり、少し強引だけどそうやって覚えておくと、その場で思い出せますね♪

4 **何《ノ》N《カ》之《レ》有《ラン》**「なんノNカこレあラン」（なんのNがあろうか、いや、なんのNもない）

例 **何《ノ》懼《レカ》之《レ》有《ラン》。**【何《なん》の懼《おそ》れか之《こ》れ有《あ》らん。】（なんの恐れることがあろうか、いや、なんら恐れることはない。）

これは、丸暗記でがんばってください……。丸投げして申し訳ないのですが、頻出です。「有らん」の読みを覚えると「～ん」＝「**反語**」とわかるはずなので、白文でもスラっと読めるようにしましょう。形を覚えておけば反語確定の句法＝点取り句法なのに、忘れてしまう人も多いのです。読みも意味も頻出です。「なんノNカこレあラン」＝**反語**です。

5 **可**ケン二**～乎**《や》**・哉**「～べケンや」（～できるだろうか、いや、できない）

例 **可**ケン二与ニ言フ一**哉**。【与《とも》に言《い》ふべけんや。】（話し合うことができようか、いや、できない。）

5は**読み方に注意**です。「～んや」の「ん」は古文の助動詞「む」でしたよね？　直前は何形ですか？

助動詞「む」の接続は**未然形**です。「可」＝「べシ」で、未然形は……べけ？

ね、ちょっと変な読み方ですよね。「べし」の補助活用未然形は、本来は「べから」ですが、漢文のこの句法の場合は「ベケンや」と読みます。この「可」（ベシ）の意味は「可能」ですが、文字からそのままわかりますよね。よって、「**可**～**乎**」は「べけんや」の読みに気をつけましょう。

1～**5**のすべてに共通していたのが、「～ン」や「～ンや」という読み方ですね。「～ン（や）」は**反語**！

それでは、例題にチャレンジしましょう。

例題

問1 「請ヒ二問フ幾何ナルカヲ一。」の傍線部の読みを、ひらがなで記せ。（埼玉大）

問2 「将奈之何哉」は「はたこれをいかんせんや」と訓読するが、これが意味するものとして最も適切なものを次の中から一つ選べ。

ア 少しも役に立たない。　イ 今後の未来に期待したい。

ウ いったい何を述べているのか。　エ これほどすばらしいものはない。（早稲田大）

問3 「不ランヤレ応ニカラレ死ス那。」を現代語訳せよ。（北海道大）

例題 設問の解説

問1は「いくばく」です！「量」の疑問か反語で、「〜ん」がないから疑問ですよね。

そうです。問2は何に注目しましたか？

設問文の訓読「いかんせんや」に注目しました。「〜せんや」なので、「方法」の反語ですよね。「どうしようか、いや、どうしようもない」のような意味になるものは、ア「少しも役に立たない」しかないので、これにしました。

正解です。「どうしようもない」もの＝役に立ちませんよね。ちなみに、設問文に読み方がなかったとしても、「奈之何」なので、「奈何」の間に目的語「之」がはさまっている形で、「これをいかんせん」とわかってくださいね。

問3は「～ざランヤ」だから「ず」の反語で、訳は肯定になりますね！「～しないだろうか、いや、する」。

そのとおり。他の大事な句法も見つけられましたか？

「応ニ～ベシ」が**再読文字**（⬇【5時間目】）です！「当然～すべき」なので、「～ざらんや」の反語と全部あわせると、「当然死ぬべきではないだろうか、いや、死ぬべきだ」ですね。

それでOKです。簡潔にいえば「当然死ぬべきだ」ですね（ここだけだとちょっとイヤな訳ですが、「妻を裏切って不倫をしたならば」という場面で、その夫に対するセリフです。反語と再読文字が確認できる良問なのでここだけ取り上げました、お許しを）。

例題 設問の解答

問1 いくばく
問2 ア
問3 当然死ぬべきではないだろうか、いや、死ぬべきだ（＝当然死ぬべきだ）。

例題 【書き下し文】・（現代語訳）

問1

【幾何《いくばく》なるかを請《こ》ひ問《と》ふ。】（〈費用が〉どれくらいかを質問した。）

問2

【将《は》た之《これ》を奈何《いかん》せんや】（いったいこれをどうしようか、いや、どうしようもない。）

問3

【応《まさ》に死《し》すべからざらんや。】

12時間目 詠嘆

♪イントロ♪

「詠嘆」は「～だなぁ」という感動の気持ちです。詠嘆の句法**1**～**5**を学びましょう。

1 **不**二**亦**タ A一 **乎**《や》 **【亦《ま》たAずや】**（なんとAではないか）

＊**乎**＝**哉**（以下同）

これ、聞いたことがあります！　友達が遠くから来る、「**亦た楽しからずや**」って。「なんと楽しいではないか」ですよね。

「有リレ朋《とも》自リ二遠方一来タル、**不**二**亦**タ**楽**シカラ一**乎**。」ですね。このように、「不亦A乎」のAは**形容詞**か**形容動詞**です。

この「不」は「否定」の意味ではないので気をつけましょう。日本語の「なんと～ではないか！」の「ない」も、「打消・否定」の意味ではないですもんね。

「不」があるから、一見「否定」に思ってしまいそう。気をつけます。

否定でとってしまうと、たとえば、さっきのも「楽しくない」と意味が正反対になり、おかしくなります。「不亦A乎」は「詠嘆」の句法なので気をつけましょう。

2 豈ニ不レA乎《や》【豈《あ》にAずや】（なんとAではないか）

例 豈ニ不レ浅カラ乎。【豈《あ》に浅《あさ》からずや。】（なんと浅薄ではないか。）

「豈に～ずや」は「詠嘆」です。「豈に～ざらんや」と読むと「**反語**」になり、「どうして～しないだろうか、いや、～する」**と全然ちがう訳になるので要注意**です！

❶も「～ずや」なので、**詠嘆**は「～ずや」と覚えておきます。でも、白文だったらどうしよう……。その場合はどうやって見分けるんですか？

おおまかな見分け方ですが、「**不**」**の下がV** ⬇ **反語**の可能性が高いんです。「**不**」**の下が**A＝**形容詞・形容動詞** ⬇ **詠嘆**とまずは考えて、訳してみましょう。ほとんどの場合、それで文脈が通ります！

3 何ゾ（其レ）A（也《や》）【何《なん》ぞ（其《そ》れ）A（や）】（なんとAではないか）

例 何ゾ其レ壮ナル也。【何《なん》ぞ其《そ》れ壮《さう》なるや。】（なんといさましいではないか。）

Aは**連体形**です。「**何ゾ**」の「**ぞ**」の係り結びでAは「連体形」、文末の「也」は上に「何」があるから「や」と読むと覚えておくとよいですね。

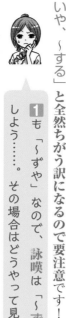

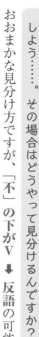

あとは、「其《そ》れ」の読み方がポイントです！　全部の要素があるとわかりやすいのですが、「其」や「也」がない場合もあります。その場合、「何Ａ」で「疑問・反語」と見た目が同じになってしまうので、文脈判断が必要です。ただし、「疑問」「反語」「詠嘆」は古文と同様、訳せばわかるので、そんなに心配しなくても大丈夫ですよ。

4　A**哉**《かな》、**N也**《や》**【Aかな、Nや】**（Aだなあ、Nは）

例　**美**《シキ》**哉、花也。**【美《うつく》しきかな、花《はな》や。】（美しいなあ、花は。）

あれ？　これ、「也」の読み方おかしくないですか？　上に疑問や反語の文字がないのに、どうして「や」？

いいところに気づきましたね。コレ、ただの**倒置**なんです。例の訳を見てください。通常は「花は、美しいなあ」ですよね。つまり、もともとは「花也、美哉」で、文末の「也」ではなく、文中の「也」なのです。よって、「や」と読んで「提示」の意味になるのですよ。倒置＝強調＝強い気持ち ➡「詠嘆」です！

なるほど。あと、これもAは**連体形**ですね。

そうです！

5 **〜乎《かな》・哉《かな》・矣《かな》・夫《かな》・与《かな》【〜かな】**（〜だなあ）

例 **善キ哉《かな》。【善《よ》きかな。】**（けっこうだなあ。）

ん？ 「疑問」や「反語」の終助詞の文字だったり、「矣」は置き字の用法もあったりしましたよね？ さらに「詠嘆」もあるってことですか？

そうなんです。「どうやって判断しよう……」と不安になるかもしれませんが、本文中に出てきた場合、振り仮名がある場合が多いので安心してください。「かな」＝「**詠嘆**」、「や」・「か」＝**疑問か反語**ですね。

「嗚呼美哉。」（＝ああ、美しいなあ。）のように「**嗚呼**」という感動詞と一緒に用いて、「振り仮名なくてもわかるよね？」というような場合もありますが。

わかりました。「否定」や「疑問・反語」が盛りだくさんだったから、「詠嘆」はけっこうラクに感じます♪

それは頼もしい！ それでは、**例題**にチャレンジしましょう。

例題

問1 「不亦劇乎」の読み方として最もふさわしいものを、次の中から一つ選べ。

ア また はなはだしきやいなや

イ また はなはだしからずや
ウ また はなはだしからざるか
エ また はなはだしきにあらざるか
（國學院大）

問2 「豈ニ不レ悲シカラ哉」を口語訳せよ。（明治大）

問3 「豈ニ不レ為ナラレ此レガ也。」は「なんとこれの為ではないか」という意味です。書き下し文にしなさい。（筑波大［改］）

問4 「豈不異哉。」は詠嘆である。⑴書き下し文にし、⑵現代語訳せよ。（京都府立大［改］）

例題 設問の解説

問1は「不亦〜乎」に気づけました！ よって、「また〜ずや」と読めているイです。

そうですね。ちなみに訳はどうなりますか？

「なんとはなはだしいではないか！」ですね。

そのとおりです。では、問2。「豈不～哉」は、詠嘆と反語がある句法ですね。今回は訓点がついているのでわかりやすいですね。どちらですか？

「不」に送り仮名がないから、「～ずや」と読んで「詠嘆」ですね。よって、「なんと悲しいではないか」が正解ですね。

ちなみに、白文だった場合の見分け方の目安を覚えていますか？

「～」がVなら反語、形容詞・形容動詞なら詠嘆の可能性が高い、でしたね。

バッチリですね。問2が白文だとしても、「悲」⬇まずは詠嘆と考えられますね。ただし、文章があれば本文にあてはめて確認する作業が必須ですよ。それでは問3にいきましょう。

これも、設問文に訳があるからカンタンでした。ひとまず詠嘆なので、「豈に～ずや」と読む句法ですね。

そうです。あとはふつうに返り点と送り仮名を利用して書き下せばよいので、「豈に此れが為ならずや」が正解。

では、問4。問2同様、「豈不～哉」で白文ですが、設問文に「詠嘆」と書いていますね。

それなら「詠嘆」で、⑴は「豈に異ならずや」ですね。⑵は「なんとちがうではないか」です。異＝「ことなり」で形容動詞だから、白文だけでも「詠嘆」から考えるとよいですね。

そうですね。「異なり」は「(他と異なっていて)奇妙だ」の意味で、正しくは「なんと奇妙ではないか」の意味ですが、ここでは前後の文章もありませんから、「ちがう」でOKです。

例題　設問の解答

問1　イ
問2　なんと悲しいではないか
問3　豈に此れが為ならずや。
問4　(1)　豈に異ならずや。
(2)　なんとちがう［＝奇妙］ではないか。

例題【書き下し文】・（現代語訳）

問1【亦劇《またはなは》だしからずや。】
問2【豈《あ》に悲《かな》しからずや】
問3【豈《あ》に此《こ》れが為《ため》ならずや。】（まさにこのためではないか。）
問4【豈《あ》に異《こと》ならずや。】

12時間目　詠嘆

13 時間目 仮定

♪イントロ♪

さっそくですが、「**仮定**」の句法**1**〜**6**を順番に見ていきましょう。

1 若シ〜バ 【若《も》し（〜ば）】（もし〜ならば）

例 若シ欲レセバ無レカラムコトヲ礼、……

＊若＝如

【若《も》し礼無《れいな》からむことを欲《ほっ》せば、……】

（もし礼がないことを望むならば、……）

「若シ」や「如シ」って、返読文字を学習したときに「ごとシ」ってありましたよね？ あと、「若何」や「如何」とか「疑問・反語」のときにもふれた文字と同じですね……。どうやって見分けたらよいですか？

よく覚えていましたね。「若」や「如」の文字は、複数の句法に使われます。**仮定**になる場合の見分け方は、「**文頭にあって、下から返らない**」（＝**返り点がついていない**）がポイントです！

比況《ひきょう》の助動詞「ごとシ」（＝〜のようだ）は**下から返る**（＝**返り点がある**）のです。

助動詞は**返読文字**ですもんね（⬇【3時間目】）。

そう。そして、「何」の文字とセットで使っていれば【10・11時間目】で学習した「いかんぞ」や「いかん」、「いかんせん」などです。先取りすると、【14時間目】の「比較」の句法にもこの文字を使います。

なんだかいっぱいですね……。

今回はひとまず、「**文頭で返り点がなければ仮定**」(＝もし～ならば)を覚えましょう！

2 苟シクモ～バ【苟《いや》しくも(～ば)】(もし～ならば／かりにも～)

例 苟シクモ能ク熟読シテ、……【苟《いや》しくも能《よ》く熟読《じゅくどく》して、……】(かりにも熟読できて、……)

訳は**1**と同じ「もし～ならば」ですね。何かちがいはあるんですか？

1よりも強い仮定ですが、「**仮定**」とわかればよいのです。「**苟**」の漢字を見て、「読み」と「訳」がわかればOK。「読み」が入試頻出です。意味ももちろん大事ですが「いやしくも」と読めるようにしましょう！

3 縦ヒ～トモ【縦《たと》ひ(～とも)】(たとえ～としても)

＊縦＝仮令・縦令

例 縦ヒ君不二トモ我ニ驕一ラ也、……【縦《たと》ひ君我《きみわれ》に驕《おご》らずとも、……】(たとえ君主が私におごらないとしても、……)

13時間目 仮 定

古文の接続助詞「とも」と同じ「**逆接仮定条件**」ですね。

そうです。振り仮名や送り仮名があれば問題ないはずですが、白文で「**縦**」や「**仮令**」だけだと、「たとヒ」に気づかない人も多いので、しっかり覚えておきましょう。

4 雖モ二~ト一 【~と雖《いへど》も】（たとえ~としても／~だけれども）

これも古文の接続助詞「ども」と同じ逆接確定条件かと思ったら、仮定の意味もあるんですか？

そうです。そこが古文の接続助詞「ども」とのちがいで要注意です！
漢文で「雖《いへど》モ」は逆接は逆接ですが、「確定」だけではなく「仮定」もあります。

例

雖モ二愚者ト一明ラカニスレ之ヲ矣。【愚者《ぐしゃ》と雖《いへど》も之《これ》を明《あき》らかにす。】
（たとえ愚かな者だとしてもこれを理解する。）

雖モレ不トレ拘《かか》ハラ二礼教ニ一、然レドモ発スルコトレ言ヲ玄遠、……【礼教《れいきょう》に拘《かか》はらずと雖《いへど》も、然《しか》れども言《げん》を発《はっ》すること玄遠《げんえん》、……】
（礼儀や道徳にこだわらないが、それでも発する言葉は深遠で、……）

「仮定」か「確定」か文脈判断するしかないので、文章では前後の文脈をしっかりおさえることが必要です。

5 **使**メバ二 **N**ヲシテ **V**一、…… **【NをしてVしめば、……】**（もしNがVするならば、……）

例 **使**メバ二 民ノ衣食ヲシテ 有ラレ余リ、自《おのづか》ラ不レラン為サレ盗《とう》ヲ。

【民《たみ》の衣食《いしょく》をして余《あま》り有《あ》らしめば、自《おのづか》ら盗《とう》を為《な》さざらん。】

（もし民の衣食が余りがあるならば、自然と盗みをしなくなるだろう。）

一瞬、使役かと思いました！

そうですよね。条件節の始めに「NヲシテVしメバ、……」とある場合は、「NがVするならば」と仮定で訳します。

条件節かどうか、自分でわかるかな……。

文の出だしで「**使**メバ二 **N**ヲシテ **V**一、……」とあり、**下に続いていく場合**に「**仮定かも**」と思い出せたらよいですね。Vはもちろん**未然形**に活用させますよ。

6 **微**カリセバ二 ～一、…… **【～微《な》かりせば、……】**（～がなかったならば、……）

例 **微**カリセバ二 管仲一、…… 【管仲《かんちゅう》微《な》かりせば、……】（もし管仲がいなかったならば、……）

これは読めたらわかると思います。振り仮名がなくても「なかりせば」と読めるようになってくださいね。

それでは、**例題**にチャレンジしましょう。

例題

問1 「若シ日ニ誦《とな》ヘバ二三百字ヲ一、……」の傍線部の読みを平仮名で書きなさい。

（中央大）

問2 「豈ニ苟シクモ然ラン哉。」の傍線部の読みを、平仮名で記せ。

（熊本大）

問3 「苟近レ我、我当レ図レ之」の解釈として最も適当なものを、次の①～⑤のうちから一つ選べ。

① どうか私に近づいてきて、私がおまえの絵を描けるようにしてほしい。
② ようやく私に近づいてきたのだから、私はおまえの絵を描くべきだろう。
③ ようやく私に近づいてきたのだが、どうしておまえを絵に描けるだろうか。
④ もし私に近づいてくれたとしても、どうしておまえを絵に描けただろうか。
⑤ もしも私に近づいてくれたならば、必ずおまえを絵に描いてやろう。

（共通テスト本試）

問4 「（書物を読んでも忘れてしまうと悩む者がいるが、それは、自分からよく学ぼうとしていないからである。書物の知識は膨大で）雖モ二聖人ト一猶ホ不レ能ハレ尽クス。」の傍線部を現代語訳しなさい。

（金沢大［改］）

問5「使ニ中国有レ之、当レ冠タル二百花一ニ。」を(1)書き下し文にした上で、(2)現代語訳せよ（送り仮名を省いたところがある）。

＊百花……種々多数の花。

（岩手大）

例題 設問の解説

問1は送り仮名があるのでとても親切ですね。

はい。**冒頭で返り点がない**ので「もシ」！

ちなみに、返り点がついていれば？

比況の助動詞「ごとシ」！

バッチリですね。

問2も送り仮名がついていてカンタンですね。「いやシクモ」です。ちなみに、意味は？

「若《も》シ」と同じく、仮定条件で「もし〜ならば／かりにも」です。

そのとおり！　そうすると、問3の問題もできましたね？

はい！「**苟**」の解釈「もしも～ならば」が⑤のみなので、⑤にしました。④も「もし」で気になったので、念のために後半も確認しました。選択肢を利用すると「**図**」の解釈は動詞「**描く**」のはずで、その動詞「図」の上にあり、返り点がついている「**当**」は**再読文字**だと判断しました。再読文字「当」は「まさニ～ベシ」で、「必ず～やろう」でおかしくないので、やはり⑤が正解だと自信をもってできました。

きちんと後半も確認したこと、素晴らしいですね。それでは、その調子で問4の現代語訳の問題も見ていきましょう。訓点つきなので親切ですね。まず書き下し文にできますか？

「聖人と雖も猶ほ尽くす能はず」です。この「猶ほ」は返り点がないので再読文字ではないですね。どう訳せばよいのかわからなくて、とりあえず「なお」のままにしちゃいました。

単独の「**猶ホ**」は「今なお・依然として」「やはり」などと訳します。それ以外はわかりますか？

「能ハず」は自信があります。「できない」だから、ここでは「尽くすことができない」ですね。「雖モ」は**逆接**で、**漢文は**「**仮定**」も「**確定**」もあるので文脈判断が必要でしたよね。

そうです。今回は、そこまでの文脈がまあまあ長いのと、まだ学習していない句法もあったので、（　）に要約を書きました。本番は、もちろんこれが漢文で書かれていたので［改］表記アリですが、問題部分はそのままですよ。

「聖人」は、きっとえらい人のような意味かなと思ったけど、自信がなかったので「聖人」のままにしました。

「人格がすぐれている人・徳行にすぐれた人」のことですが、「聖人」でOKです。

要約で、「自分から学ぼうとしていないだけ」とあったので、誰か聖人がいるわけではないから、ここでは「仮定」の話だと考えて、「たとえ聖人だとしても」にしました。

そうです！　そして「猶ホ」ですよね。ここでは「やはり」がよいです。

では、「たとえ聖人だとしてもやはり尽くすことができない」ですか？

直訳はそれでOKですが、あともう一歩考えましょう。それだと何を尽くすのかがわからないので、文脈からどういうことなのかも考えて自然な日本語に訳しましょう。要約をヒントにすると、書物の知識が膨大で尽くすことができない ⬇「読み尽くすことができない」ですね。

なるほど。そのほうがわかりやすいですね。

今回は「雖モ」を確認したくて出題しましたので、「雖モ」＝仮定の逆接ができていれば、ひとまずクリアとしましょう。「読み尽くす」ができていなくても、へこまなくてよいですからね。

それでは、**問5**も見ていきましょう。まず、⑴書き下し文の問題ですね。

ほぼ返り点だけでしたが、**出だしに**「**使**」**があって**、「、……」**と下に続いているので**、おそらく「~しメバ、……」の句法ですよね。「有」がVで未然形は「有ら」、間の「中国」がNで「ヲシテ」の送り仮名、「之」は「有」の下だからSで「これ」。よって、前半部分は「中国をして之有らしめば」ですね。

ＯＫ！　後半で大事な句法は見つけられますか?

再読文字の「**当ニ~ベシ**」！　後半は、送り仮名がほぼついていて簡単でした。「当に百花に冠たるべし」です。

そうです。では、⑵現代語訳で最後ですよ、もうひと息がんばりましょう。

文の出だしで「**使ＮＶ**、……」の形で、「~しメバ」だから仮定なので、前半は「もし中国にこれがあったならば」ですよね。後半が、注釈を利用して直訳すると「当然種々多数の花の冠であるだろう」ですが、ちょっとよくわかりませんでした。

前半は完璧です。後半も直訳はＯＫですが、どういうことか難しいですよね。「多くの花の中で冠」＝ここでは最上位のたとえです。文章もないので、ここでは文脈判断もできず難問ですから、後半部分のきれいな訳はできていなくてもかまいません。**前半の仮定条件と**、「当然~だろう」**がとれていたかどうかをチェック**してくださいね。

例題　設問の解答

問1　も
問2　いや
問3　⑤
問4　たとえ聖人であったとしてもやはり読み尽くすことはできない。
問5　(1)　中国をして之有らしめば、当に百花に冠たるべし。
(2)　もし中国にこれがあったならば、当然種々多数の花の中で冠をかぶる最上位になるだろう。

例題

【書き下し文】・（現代語訳）

問1 【若《も》し日《ひ》に三百字《さんびゃくじ》を誦《とな》へば、……】（もし毎日300字を暗唱すれば、……）

問2 【豈《あ》に苟《いや》しくも然《しか》らんや。】（どうして仮にもそうだろうか、いや、そんなことはない。）

問3 【苟《いや》しくも我《われ》に近《ちか》づけば、我《われ》当《まさ》に之《これ》を図《えが》くべし】

問4 【聖人《せいじん》と雖《いへど》も猶《な》ほ尽《つ》くす能《あた》はず。】

問5 【中国《ちゅうごく》をして之《これ》有《あ》らしめば、当《まさ》に百花《ひゃっか》に冠《かん》たるべし。】

14 時間目 比較・選択

♪イントロ♪

「**比較**」は、「比較形」と「最上形」に分けて確認します。

「**比較形**」から見ていきます。まずは、「置き字」を使用して表す方法です。

1

A二 於／于／乎 **N**一ヨリ(モ) 【**N**より（も）**A**】（**N**より［も］**A**）

例 寒《つめた》シ二 於 水ヨリモ一。【水《みづ》よりも寒《つめた》し。】（水よりも冷たい。）

「於・于・乎」って「置き字」で受身のときもありましたよね？（➡【7時間目】）どうやって見分けるんだろう……文脈判断ですか？

置き字の上が**A**＝**形容詞・形容動詞** ➡ **比較**から考えるのがコツです。**受身では、置き字の上がV**でしたね。

そうでした。品詞で見分けられるなら、わかりやすいですね。

Nの送り仮名は、比較なので「ヨリ（モ）」です。

次は、「置き字」を使用しない「比較形」です。AとBをくらべたときに、「むしろAはしても、Bはするな」という「**比較＋禁止**」のような句法が**2**です。

2 寧ロ[A]ストモ無レカレ[B]スル　【寧《むし》ろAすともBする無《な》かれ】（むしろAはしてもBはするな）

あ！　これ「寧《むし》ろ鶏口《けいこう》となるとも牛後《ぎゅうご》となるなかれ」ということわざで聞いたことがあります。「小さい集団のトップ」と「大きい集団のビリ」のどっちがいいとか、なんかそんな意味ですよね。えっと、どっちがよかったんでしたっけ？

句法にあてはめると次のようになりますね。ちなみに、「[A]す」＝**終止形**、「[B]する」＝**連体形**です。

例 寧ロ為二ルトモ鶏口一ト、無レカレ為二ル牛後一ト。【寧《むし》ろ鶏口《けいこう》と為《な》るとも牛後《ぎゅうご》と為《な》る無《な》かれ。】
（小さい集団でも人の上に立ち、大きな集団でも人の後ろにつくべきではない。）

つまり、上向きの不等号を頭の中で書き込めばよいのです（鶏口＞牛後）。「小さい集団でもいいからトップに立とう。大きな集団にいてもビリであればこき使われるから、そうなるな」という意味です。私個人の意見・考えはどっちかというと反対（＝周りに素敵な尊敬できる人が多いほうが、たくさんよい刺激を受けられるからよい）ですが、今は句法の勉強➡「寧[A]無[B]」＝上向きの不等号で「[B]はするな」＝「鶏口＞牛後で、牛後は✕」をおさえましょう。

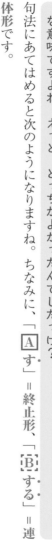

次に、3〜5では逆に下向きの不等号のものを扱います。

3

A（スルヨリ・ナランヨリ）ハ 孰‐若二B（スル）一 【A（するより・ならんより）はB（する）に孰若《いづ》れぞ】

（AするよりBするほうがまさっている） ＊若＝与

例 保‐全二スルヨリハ一身一ヲ、孰‐若三レゾ保‐全二スルニ天下一ヲ乎。

【一身《いっしん》を保全《ほぜん》するよりは、天下《てんか》を保全《ほぜん》するに孰若《いづ》れぞ。】

（自分の身を保全するよりは、天下を保全するほうがまさっている。）

これ、読み方から訳を想像すると「AとBとどっちがいい？」って聞いてるだけに思えますね。

そうなんです！ ですが、内心は「Bの方がまさっている」と思って聞いている場合が多いのです。つまり、**下向きの不等号、A ＜ B** ですね。

4

与二リハ其ノA一寧ロBセヨ・セン 【其《そ》のAよりは寧《むし》ろBせよ・せん】

（そのAするよりはむしろBせよ・したほうがよい）

例 与二リハ其ノ不孫一ナラン也、寧ロ固シカレ。【其《そ》の不孫《ふそん》ならんよりは、寧《むし》ろ固《いや》しかれ。】

（傲慢であるよりは、むしろ卑屈でいろ。）

これは、読めたら訳はそのままですね！ わかりやすいです。

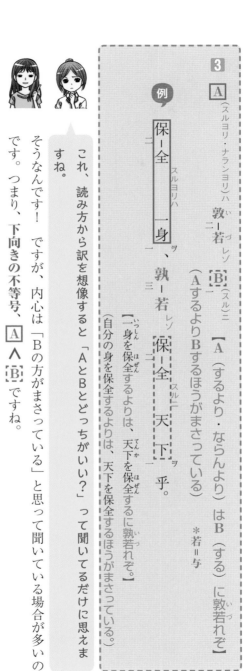

そうですね。さて、次の**5**は超頻出ですよ！

5 不レ若カレ〜ニ 【〜に若《し》かず】（〜のほうがよい／〜に及ばない）

＊不＝弗／若＝如

これは「百聞は一見にしかず」ということわざでわかります！「（他人の話を）百回聞くより（自分で）一回見たほうがよい」ですよね。この身近なことわざで覚えておくとラクですね。

ちなみに、白文で書くと「百聞不如一見」で、「不如」の代わりに下向きに不等号を書けたらOKです。「不如」の「下」に書いてあることのほうがよい！と、わかりますね。

では、次に「比較」の中でも「他にくらべるものがない」＝「**それ以上のものはない**」という「**最上形**」を確認していきましょう！

1 無シレ若クハレ〜ニ 【〜に若《し》くは無《な》し】（〜がいちばんよい）

例 衣ハ莫シレ若クハレ新タナルニ。【衣《ころも》は新《あら》たなるに若《し》くは莫《な》し。】（服は新しいのがいちばんよい。）

これもきっと「若」は「如」でもOKですね？あと、「無」も否定のときに学んだ「莫」などもあり得ますか？

はい。そのとおりです。以下もすべて同じです。

「若」や「如」の上が「**不**」➡「〜にしかず」と読み「**比較形**」、上が「**無**」➡「〜にしくはなし」と読み「**最**

上形」です。忘れそうな人は、強引ですが、「これ以上のものは無い！」から「無」のほうが**最上形**と覚えておいてもよいですね。「無若」の下に書いてあるものが「最上」です！

2 無シレAハ二於Nヨリ(モ)一　【Nより（も）Aは無《な》し】（NよりもAなものはない）

例　莫シレ大ナルハ二於化スルヨリモレ道ニ。【道《みち》に化《か》するよりも大《だい》なるは莫《な》し。】（道に感化されるよりも大きいものはない。）

否定「無」と「**比較形1**」をセットで用いたもので、「NがいちばんAだ」という「最上形」の句法です。
Aは**連体形**です。

3 無シレAハ焉ヨリ　【焉《これ》よりAは無《な》し】（これがいちばんAだ）

例　無シレ強キハ焉ヨリ。【焉《これ》より強《つよ》きは無《な》し。】（これがいちばん強い。）

この「焉」は、文末にあっても置き字じゃないんですね!?

そうです。この場合、「焉」は置き字ではなく「これ」と読みますよ。Aは、**2**と同じく**連体形**です。

それでは、**例題**にチャレンジしましょう。

例題

問1 「不如須臾之所学也」の読み方として最も適当と思われるものを次の中から一つ選びなさい。

ア 如《も》し須臾《しゆゆ》の学《まな》ぶ所《ところ》ならざれば
イ 須臾《しゆゆ》の学《まな》ぶ所《ところ》に如《し》かざるなり
ウ 須臾《しゆゆ》の学《まな》ばざる所《ところ》の如《ごと》し
エ 須臾《しゆゆ》の学《まな》ぶ所《ところ》に如《ゆ》かざればなり

（南山大）

問2 「莫レ若クハ二君所ニ一也。」は、犬をどちらのもとで飼うかを話している際に、そのうちの一人が発したセリフで、送り仮名を省略している箇所もある。以上を踏まえて、現代語訳せよ。

（熊本県立大）

問3 「福莫長於無禍」（訓点は省いてある）の意味として最も適当と思われるものを次の中から一つ選びなさい。

ア 幸福はわざわいの無いときにしか感じられない
イ 幸福に恵まれなくともわざわいの芽を摘むことはできる
ウ 幸福とはわざわいの無いのが第一のことである
エ 幸福であるよりもわざわいの無いように願うべきである

（南山大）

例題 設問の解説

問1は「**不如～**」＝「～にしかず」の読みだから、イですね。

万一、自分で全部読む問題なら、文末の「**也**」と、その直前を連体形に活用させて「しかざるなり」と読むのがポイントですね。あとは「所」が**返読文字**であることも大事。「**須臾**《しゅゆ》」は【20時間目】の単語でも学習しますが、「まもなく・わずかな時間」の意味です。

問題は簡単でしたが、けっこうたくさん大事なことが入ってる文なのですね。

そうなんです。では、次。問2で使用されている句法には気づきましたか？

「莫レ若クハ二～ニ一」！　**最上形**の「～に若くは莫し」ですよね。そして、これも問1と同じように文末に「**也**」があるので、「莫」は連体形にして「～にしくはなきなり」と読む！

そうですね。よく気づけています。ただ、今回は読みではなく現代語訳の問題なので、訳を考えていきましょう。

あ、そうですね。でも、訳の前にもう一つ！　「所」って返読文字ですよね？　これは下から戻ってきてないのが気になりました。

63ページで学習したように、返読文字の「所」は、通常「所＋V」の形で「Vする（＝連体形）所」と読み、「Vすること」などのように名詞化する働きのもので、たとえば、先ほどの

問1も「所学」となっていますね。ですが、ここは下にVがないので、返読文字の「所」ではありません。設問文を読むと、この「君所」はどんな解釈をすればよさそうですか？

えっと、犬をどちらが飼うかっていう話だから、そのまま「あなたのところ」ですね。

そういうこと。よって、この「所」は「場所」の意味で、返読文字ではないのです。ただ、この問題は返り点がついていますし、設問文をきちんと読んで、「莫若」に気づけば訳はそこまで難しくなかったのでは、と思いますよ。

最上形と「也」は断定だから、「あなたのところがいちばんよいのである」ですね。

正解です。それでは最後の問3を見ていきましょう。こちらも句法に気づきましたか？

「莫長於～」の部分の「長」が形容詞なので、「～よりAは莫し」の句法ですよね。「～」の部分が「無禍」ですが、「無」が返読文字なので、「禍が無い」ということだから、「禍が無いことより長はない」が直訳で、出だしの「福」は選択肢から「幸福」だから、この「長」は「長所」などの⊕の意味で、「禍が無いことより⊕はない」⬇「禍が無いのがいちばんだ！」ということですね。

そのとおり。つまり、正解はウですね。

例題 設問の解答

問1 イ

問2 （犬は）あなたのところ（にいるの）がいちばんよいのである。

問3 ウ

例題 【書き下し文】・（現代語訳）

問1 （わずかな時間学ぶことに及ばないのである。）

問2 【君《きみ》が所《ところ》に若《し》くは莫《な》きなり。】（あなたのところがいちばんよいのである。）

問3 【福《ふく》は禍《か》無《な》きより長《ちょう》なるは莫《な》し。】（幸福はわざわいが無いことより大きなものはない。）

15 時間目 限定・累加

♪イントロ♪♪

「限定」は「～だけ」です。1～3までなのでラクですよ！ それではさっそく見ていきましょう。

1 唯・惟・只・但・直・特・徒《ダ》～《ノミ》「ただ～ノミ」（ただ～だけだ）

うわ～、いっぱいある……。これ全部覚えなきゃいけないんですか？

たしかにたくさんありますね。ただし、文章でよく見かけるのは最初の三つ「**唯・惟・只**」で、それらは読みやすいのでは、と思います。四つ目も「但し」の「**但**」なのでわかりやすいですよね。おそらく残りの三つ「**直・特・徒**」は「ただ」と読みにくいはずです。一気に七つも覚えるのがキツイ人は、頻出の三つをまずおさえて、少しずつ増やしていけばよいですよ。

「ただ」は、（**直**）**下のNかV**に「ノミ」（＝だけだ）の送り仮名を送り、「ただ～ノミ」とセットで使います。

「ただNだけだ」か「ただVするだけだ」の意味です。

書き下し文では、「ただ」と平仮名にするんですか？

いいえ、**漢字**です。「唯だ」や「惟だ」。他も同じです。

例 **唯**ダ一馬ノミ。【唯《た》だ一馬《いちば》のみ。】（ただ馬一頭だけだ。）

わかりました。漢字はたくさんあるけれど、読めたらカンタンですね。

2 独リ～ノミ【独《ひと》り～のみ】（ただ～だけだ）

例 **独**リ寇準ノミ知ルレ之ヲ。【独《ひと》り寇準《こうじゅん》のみ之《これ》を知《し》る。】（ただ寇準だけがこれを知っている。）

「**独**」は「ひとり」と読みますが、意味は**1**と同じく「ただ（～だけ）」です。

それでは、最後に文末で「のみ」と読む漢字を確認しましょう。

3 ～耳・已・而已・而已矣・爾。【～のみ】（～だけだ）

うわぁ……これもなんだかいっぱいありますね……。

まずは「**耳**」だけでもいいから頭に入れてください。強引ですが、訓読み「みみ」と「のみ」が一音ちがいなので、「みみはのみ」と呪文のように何度か唱えれば覚えられますよ。

そして、次に「**已・爾**」の二つをおさえましょう。「耳」の音読みは「ジ」で、「爾」も「ジ」と読みます。

「已」は「イ」ですが、「i」の音は同じですよね。だから、これらも音のつながりで「のみ」と表すようになりました。「**耳已爾**《じいじ》**はのみ**」と覚えましょう。残りの二つ「**而已**」「**而已矣**」は、「已」に置き字がついているだけで、「已」と同じです。

う〜ん、でも置き字が上下のどっちにつくのか、どの順番だったか忘れちゃいそうです……。

前にもいいましたが、「漢作文」なんてないので、そんなに完璧に覚えようとしなくて大丈夫ですよ。見て読めたらよいのです。文章を読んでいて「〜而已矣。」とあった場合に、一つのカタマリできちんと目に入って「のみ」とわかればOKです。

それならできそうです！　あと、「のみ」は書き下し文では漢字のままでよいですか？

ダメです。**「のみ」は助詞なので、平仮名表記**にしてください！

例 在ル二日積之功ニ一耳。【日積《にっせき》の功《こう》に在《あ》るのみ。】（日々の積み重ねの効果であるだけだ。）

あと、**1**や**2**の送り仮名「ノミ」を、**3**の漢字で使用している場合もあります。

それでは次に、「**累加**《るいか》」を見ていきましょう。

「累加」ってどういうことですか？

「累」は「重ねる」の意味です。「加」は「加える」ですよね。つまり、**「累加」とは「重ねて加える」**ということ。「～だけではなく、また～でもある」と訳します。

では、「累加」の句法**1**～**3**を確認していきましょう！

1 **不**二**唯**ダニ **A**一ノミナラ、（**而**シテ）**亦**タ **B** 【唯《た》だにAのみならず、（而《しか》して）亦《ま》たB】
（ただ単にAだけではなく、またBでもある）

例 **不**二**惟**ダニ **薦**ムルノミナラ**仲**ヲレ、**又**能ク**左-右**スニ**之**ヲ一。
【惟《た》だに仲《ちゅう》を薦《すす》むるのみならず、又《また》能《よ》く之《これ》を左右《さゆう》す。】
（管仲をただ単に推薦しただけではなく、また管仲をうまく補佐した。）

この句法は、英語の「**not only *A* but also *B***」＝「**A**だけではなく**B**もだ」で覚えるとよいですよ。

not＝「**不**」、only＝「**唯**」、but＝「**而**」、also＝「**亦**」です。

文字の順番もそのままですね！

そうなんです。

そして、「**唯**」とセットの送り仮名は「ノミ」でしたね。限定は「たダ～ノミ」でしたが、累加は「たダニ～ノミ」と読みます。「ではなく」＝「断定＋打消」⬇「ならず」。よって、白文の場合も「Aノミナラず」の送り仮名をバッチリ思い出せますね！

「**唯**」の部分が「**独**」の場合もあります（以下の二つも同様）。読みが「たダニ」⬇「ひとリ」になるだけで、意味はまったく変わりません。先ほど「限定」で学習しましたが、「唯」と「独」は読みがちがうだけで、意味は同じでしたね。

2 非ズ二唯ダニA一ノミニ、亦タB 【唯《た》だにAのみに非《あら》ず、亦《ま》たB】
（ただ単にAだけではなく、またBでもある）

例 非ズ二唯ダニ治ムルノミ一レ病ヲ、亦タ覚ユ二神明ノ開朗ナルヲ一。
【唯《た》だに病《やまひ》を治《おさ》むるのみに非《あら》ず、亦《ま》た神明《しんめい》の開朗《かいろう》なるを覚《おぼ》ゆ。】
（ただ病気を治すだけではなく、また心持ちが明るくなる気がする。）

1と似てますね。「非」は直前の送り仮名が「二」になることがポイントでしたよね！

すばらしい！ 1「不」が2「非」になっただけで、意味は1と同じです。

3 豈ニ唯ダニAノミナランヤ 【豈《あ》に唯《た》だにAのみならんや】（どうしてAだけであろうか、いやAだけではない）

例 豈ニ独リ其ノ国ノミナラン邪《や》。 【豈《あ》に独《ひと》り其《そ》の国《くに》のみならんや。】
（どうしてその国だけであろうか、いや、その国だけではない。）

反語「**豈**」と、**限定**「**唯**」がセットになった形です。「豈」の送り仮名で「～ンヤ」、「唯」の送り仮名で「～ノミ」です。

訳も「反語」と「限定」を反映させて、「どうしてAだけか、いや、Aだけではない」ですね。今まで学習した知識を使えば、必死に覚えようとしなくても理解ができますね！

基本をしっかりつかんで、学ぶ順番の大切さを実感してもらえると、とってもうれしいです。

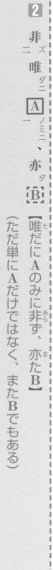

「豈」以外の反語「何ゾ～（ンヤ）」などを用いる場合もありますが、訳し方は同じですよ。

例 何ゾ独リ丘ノミナラン哉《や》。【何《なん》ぞ独《ひと》り丘《きゅう》のみならんや。】（どうして私だけだろうか、いや、私だけではない。）

＊丘……孔子の名。ここでは自称。

それでは、例題にチャレンジしましょう。

例題

問1 「君而已矣。」の傍線部の読み方をひらがなで書け。（福岡教育大）

問2 「惟小謹ヲノミ之レ悦《よろこ》ビ、……」の傍線部の読み方を送り仮名も含めてすべてひらがなで記せ。（九州大）

問3 「吾亦絶ツレ望ヲ爾矣。」の傍線部「爾」と同じ意味の助字として最も適当なものを、次の中から一つ選べ。

ア 焉　イ 乎　ウ 哉　エ 也　オ 耳

（愛知大）

問4 「是直聖人之糟粕耳」の訓読をすべてひらがなで示した場合、最も適当なものを次のa～eから一つ選べ。

a これせいじんのさうはくをじきにす

b これなほせいじんのさうはくならん

c これせいじんのさうはくにあたらん

d これせいじんのさうはくをなほせるのみ

e これただせいじんのさうはくなるのみ

（関西大）

問5 「但ダ説ク二其ノ因ヲ一耳。」を現代語訳せよ。

（奈良女子大〔改〕）

問6 「非特不可守淮」の書き下し文と解釈として最も適当なものを、あとの中からそれぞれ選びなさい。

【書き下し文】

ア 特には非ざれども淮を守るべからず

イ 特だにべからざるものは淮を守るに非ず

ウ 特だ淮を守るべからずんば非ず

エ 特だに淮を守るべからざるのみに非ず

オ 特に守るべからざるものは淮に非ず

【解釈】

ア　ただ自分が許せないのは、淮水沿岸を最前線として死守する点ではない。

イ　特に死守してはならないのは、淮水沿岸の最前線なのではない。

ウ　ただ淮水沿岸を最前線として死守できないばかりではない。

エ　とりたてて淮水沿岸を最前線として死守すべきではない。

オ　ただ淮水沿岸だけは最前線として死守しないわけにはいかない。

（國學院大）

例題　設問の解説

問1・2は読み方なので任せてください！　問1は「のみ」、問2は「ただ」です。

そうですね。問3は同じ意味の漢字を選ぶ問題です。まずは、傍線部「爾」が何かを考えましょう。

下の「矣」は文末にあるので置き字だから消しちゃえば、「爾」が文末になりますよね。なので、この「爾」は「のみ」のはずです。一応訳して確認してみると、「私はまた望みを絶つだけだ」でおかしくなさそうです。よって、オの「耳」ですね！

正解です。では、問4。訓読の問題ですが、漢字をざっと見たときにポイント箇所がわかりますか？

最後の「耳」！「のみ」なので、dかeですよね？ 絞れたけれど、どちらなのか迷ってしまいました。

それは、ポイント箇所を一つ見逃しています。「直」は「耳」とセットで使用しているのであればなんと読むのがふつうですか？ ヒントは「惟・唯・只」と同じです。

あ！「直」には「ただ」の読み方がありましたね！ 正解はeですね？

そういうことです。では、問5。現代語訳ですが、こちらもポイントは？

「但ダ～耳」ですよね。これは「但」に送り仮名があるので、簡単にわかりました。「説く」の訳は、よりわかりやすく二字熟語の「説明」に変えて、「ただその原因を説明するだけだ」にしました。

バッチリです。ちなみに、ここでは前後の文章がないので、模範解答のように過去形にしても現在形でも、どちらでもOKですよ。

問6のポイントは「**非特**」ですよね！「特《た》だに～のみに非《あら》ず」と読んで「ただ～だけではなく」と訳すから、書き下し文で該当するのはエのみ。解釈で同じ意味がとれるのは、ウ「ただ～ばかりではない」です。

そのとおり！「特」の読みによく気がつきましたね。

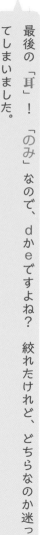

実は、正直に言うと、選択肢を利用して思い出しました……。

それも一つの立派な解き方ですよ。もちろん覚えているに越したことはないですが、選択肢を見て思い出せるのも、きちんと勉強したからこそです。知らなければ、選択肢を見てもわかりませんから。問題を解くために利用できるものは、なんでも利用するのも一つの方法です。

例題 設問の解答

問1　のみ

問2　ただ

問3　オ

問4　e

問5　ただその原因を説明しただけだ。

問6　【書き下し文】エ　【解釈】ウ

例題 【書き下し文】・（現代語訳）

問1
【君《きみ》のみ。】（君主だけだ。）

問2
【惟《た》だ小謹《しょうきん》をのみ之《こ》れ悦《よろこ》び、……】（ただ小さなことにうやうやしく仕えることだけを喜び、……）

問3
【吾亦望《われまたのぞみ》を絶《た》つのみ。】（私はまた絶望するだけだ。）

問4
【是《こ》れ直《た》だ聖人《せいじん》の糟粕《さうはく》なるのみ】（これはただ聖人で取るに足りないものであるだけだ。）

問5
【但《た》だ其《そ》の因《いん》を説《と》くのみ。】

問6
【特《た》だに淮《わい》を守《まも》るべからざるのみに非《あら》ず】

16 時間目 抑揚・願望

♪イントロ♪♪

「**抑揚**」とは、古文の**類推**「だに（＝サエ）〜まして」構文と同じく、**軽い例を出して、それより重いものが当然そうだということ**です。たとえば、お財布を忘れてしまって「千円貸して！」とお願いしたときに、「百円さえ持っていない」と言われたなら、千円なんて持っていない（＝貸せない）ことは、当然わかりますよね？　これが「抑揚」です。

「抑揚」は**1**〜**3**を学びますが、**1**を覚えればあとは楽勝ですよ。

それでは、その大事な**1**から確認しましょう。

1　A スラ 且ツ B。況ンヤ C ヲ 乎《や》　【Aすら且《か》つB。況《いは》んやCをや】
（AでさえB。ましてCはなおさら［B］だ）

＊且＝猶・尚（なホ）

例　死馬スラ且ツ買フレ之ヲ、況ンヤ生ケル者ヲ乎。【死馬《しば》すら且《か》つ之《これ》を買《か》ふ、況《いは》んや生《い》ける者《もの》をや。】
（死んだ［名］馬でさえ買う。まして生きた［名］馬ならなおさら［高く］買う。）

「況ンヤ」が「まして」ですよね。古文で「だに〜まして」ではなく、「だに〜いはんや」の場合がたまにありますよね？

よく知っていますね、そのとおり！　難関私立大の古文の入試問題で、「いはんや」の訳を出題する場合もありますよ。

さて、白文でも「～**且**（＝**猶**・**尚**）～。**況**～**乎**」のように「**且**（＝**猶**・**尚**）・**況**・**乎**」が近くで使用されていれば、「**抑揚**」と気づけるようになりましょう。

「**抑揚**」が古文の「だに～まして」と同じなら、句法のAとCの関係の考え方も同じなんですよね？

「だに～まして」の公式のことですね。はい、そのとおりです。念のため「だに～まして」の公式を確認します。

AとCの関係は**対比**で、Cのほうが重いのです。図にすると、左のようになります。

A だに B	例 百円 さえ 持っていない
＞⟷ まして	＞⟷ まして
C はなおさら B	千円 なんてなおさら 持っていない

「言いたいこと」、「より伝えたいこと」は「まして」の後ろの部分なんですよね！

そうです。そこで、**1**の前半部分を省略した形が**2**です。

2 **況**ンヤ～ヲ**乎**《や》 【況《いは》んや～をや】（まして～はなおさらだ）

例 **況**ンヤ衆人ヲ**乎**。【況《いは》んや衆人《しゅうじん》をや。】（まして世間の人々はなおさらだ。）

なるほど。ようは、この部分が伝わればよいですもんね。たしかに1を覚えたら、2は覚える必要ないですね！

2を少し応用したものが3です。似ているので「抑揚だ！」と気づけるはずですよ。

3 而ルヲ況ンヤ於《お》イテヲレ～ニ乎《や》【而《しか》るを況《いは》んや～に於《お》いてをや】（まして～においてはなおさらだ）

例 而ルヲ況ンヤ於イテヲレ人ニ乎。【而《しか》るを況《いは》んや人《ひと》に於《お》いてをや。】（まして人においてはなおさらだ。）

ホントだ。ちょっと長くなってるけれど、2とほとんど同じですね。

そうなんです。「だに～まして」が古文で読解問題と絡めて入試頻出のように、漢文でも「抑揚」は頻出ですから、しっかり理解してくださいね。

それでは、次に「願望」を学びましょう。「願望」もとってもカンタンです。まずは、次の1～3をセットで学びましょう。

1 願ハクハ～【願《ねが》はくは～】{～ん／命令}

2 請フ～【請《こ》ふ～】{～ん／命令}

3 **庶**《ハクハ》〜【庶《こひねが》はくは〜｛〜ん／**命令**｝】（どうか〜｛〜したい／〜してください｝）　＊1〜3共通。

＊庶＝幾／冀／庶幾

1・**2**は漢字から「願望」とわかりますね。**1**「願」はそのままで、**2**「請」も「請求」などの熟語からわかります。

そうですよね。よって、**3**をしっかり覚えましょう。「庶・幾・冀・庶幾」一字でも二字でも「こひねがハクハ」と読みます。

ところで、最後の「〜ン」と「**命令**」のちがいはなんですか？

「ン」は、古文の助動詞「む」の「意志」と捉えましょう。「〜したい」**という自分の願望**です。

「**命令**」の場合は、「あなたが〜しなさい」＝「〜してください」**という相手への願望**です。

よって、**願望の漢字を見つけたら、最後がどちらになっているのか必ず確認**しましょう！

例

願《ハクハ》為《ニ》レ我《ガ》解説《セヨ》。【願《ねが》はくは我《わ》が為《ため》に解説《かいせつ》せよ。】（どうか私のために解説してください。）

願《ハクハ》承《ケン》レ教《ヘヲ》。【願《ねが》はくは教《おし》へを承《う》けん。】（どうか教えを受けたい。）

4 **欲**《ス》レ**N**《ヲ》【Nを欲《ほっ》す】（Nを望む）　＊N＝活用語の連体形もアリ。

例 欲スル㆓君之無キヲ㆑礼也。【君《きみ》の礼《れい》無《な》きを欲《ほっ》するなり。】（主君に礼がないことを望んでいるのだ。）

5 欲㆑スV ント【Vんと欲《ほっ》す】（Vしたいと思う／Vしようとする）

例 欲㆑ス易ヘント㆓太子ヲ㆒。【太子《たいし》を易《か》へんと欲《ほっ》す。】（皇太子を交代したいと思う。）

これも「欲」の漢字から「願望」だとわかりやすいですね。

ポイントは、Vの場合「Vんと欲す」と読むことです。この「ん」も古文の助動詞「む」➡
Vはもちろん**未然形**ですよ。
それでは、**例題**にチャレンジしましょう。

例題

問1 「雖他人 A 愛之、況父母乎。」の空欄 A の中に入る最も適切な一字を次の中から選べ。

ア 猶　イ 何　ウ 不　エ 凡　オ 使　カ 初 （早稲田大）

問2 「并州且不得住、何況得帰咸陽。」の解釈として最も適切なものはどれか。次の中から一つ選べ。

ア　并州でさえもとどまることができない。まして咸陽へ帰ることはとても期待できない。
イ　并州はとても住めるところではない。何とかして咸陽へ帰りたいものだ。
ウ　并州は住むことのできないところとなろうとしている。咸陽へ帰りたいと思うのは当然のことだ。
エ　并州はいつまでもとどまってはいられない。早く咸陽に帰った方がよい。
オ　并州は決して住めないところではない。どうして咸陽へ帰ろうと思うのか。
（文教大）

問3　「飛鳥尚然兮況於貞良」の書き下し文として最もふさわしいものを、次の中から一つ選べ。
ア　飛鳥すら　尚ほ　然り　況んや　貞良に於いてをや
イ　飛鳥は　尚ほ　然らん　況んや　貞良に於けるや
ウ　飛鳥も　尚ほ　然せん　貞良に況ふればなり
エ　飛鳥を　尚はくは　然せん　況して　貞良に於いてせん
オ　飛鳥に　尚はくは　然り　況して　貞良を於いてせんや
（國學院大）

問4　「廷臣猶然、況於俗士乎」を書き下し文にせよ。
（岩手大）

問5　次の中から「こひねがはくは」と読むものを一つ選べ。
ア　幾何　イ　然而　ウ　胡　エ　庶
（オリジナル）

例題 設問の解説

問1は空欄補充の問題ですが、どこがポイントですか？

「**況～乎**」に気づきました！ よって、上の空欄は「**且**」だと思ったら選択肢になくて焦りましたが、「**猶・尚**」もOKだから、アが正解ですね。

そうですね。問2は、その「A**且**B。**況**C**乎**」の形によく似ている「A**且**B。**何況**C」です。これは同じ意味です。似ているので大丈夫だと思いますが、もし悩んだ人は「A**且**B。**況**C**乎**」と同じ、をヒントに選んでみてください。

「**AでさえB。ましてCはなおさらB**」だから……アしかないです！

そのとおりです。問3は書き下し文ですが、こちらもまずはポイントを見抜きましょう。

「**～尚……況於――**」ですよね。この「**尚**」の直前は「**～すら**」の送り仮名があるはずなので、それだけでアにしました。

正解。せっかくなので、あと二つチェックしておきましょう。「**況於～**」は「況んや～に於いてをや」の読みですね。

そして、「**兮**」は詩の中の**置き字**でした（➡【4時間目】）。よって、これは漢詩の一部だとわかります。

なるほど！　その二つはまったく見ていませんでしたが、アに反映されていますね。

あと、せっかくなのでもう一つ。「然」という漢字、「然り」となっていますが読めますか？「しかり」です。古文の指示語にもありますよね。「しか＋あり」⬇「しかり」。漢文では「然」の字で表します。覚えておきましょう。

では、問4。書き下し文ですね。

これも、「～猶……、況於――乎」には気づきました。だから「廷臣すら猶ほ」までは書けたのですが、「然」で？？　となってしまったのです。ですが、今ならわかります。というか、問3とほとんど同じですね……今気づきました。

では、今なら続きもできますか？

「廷臣すら猶ほ然り、況んや俗士に於いてをや」！

正解。では、問5。

これは大丈夫ですよね？　エが正解です。「庶幾」もおさえておきましょうね。

例題　設問の解答

問1　ア

問2　ア
問3　ア
問4　廷臣すら猶ほ然り、況んや俗士に於いてをや
問5　エ

例題【書き下し文】・（現代語訳）

問1
【他人《たにん》と雖《いへど》も猶《な》ほ之《これ》を愛《あい》す、況《いは》んや父母《ふぼ》をや。】
（他人でもやはりこれ〔＝子ども〕を愛するのだから、まして父母が〔我が子を〕愛するのは当然だ。）

問2
【并州《へいしゅう》すら且《か》つ住《す》むを得《え》ず、何《いか》に況《いは》んや咸陽《かんよう》に帰《かへ》るを得《う》る。】

問3
【飛鳥《ひちょう》すら尚《な》ほ然《しか》り況《いは》んや貞良《ていりょう》に於《お》いてをや】
（飛ぶ鳥でさえそうだ〔＝死んだ夫を忘れられないという話〕。ましてや貞操を守る良い妻であればなおさらだ。）

問4
【廷臣《ていしん》すら猶《な》ほ然《しか》り、況《いは》んや俗士《ぞくし》に於《お》いてをや】
（朝廷に仕えている臣下でさえそうだ〔＝天子の許可がないと書物の講義ができないという話〕、まして一般人であればなおさらだ。）

17 時間目 さまざまな「すなはち」・倒置

♪イントロ♪♪

「すなはチ」と読む文字が複数あります。「則・即・便・乃・輒・而」などです。

意味はちがうんですか?

そうなんです。順に確認していきましょう。

1 「則」はたくさんの意味があり、いちおう載せますが、覚えようとしなくてもかまいません。**直前の送り仮名が「バ」か「ハ」のとき、無視してOK**ということをおさえておきましょう。

「~レバ則チ」の形が多いので、「**レバ則**」とも言われたりします。

1 則チ(もし~たら・~してから・かえって・とっくに・~ではあるが)など

例 順ヘバ二其ノ心ニ一則チ喜ビ、…… 【其《そ》の心《こころ》に順《したが》へば則《すなは》ち喜《よろこ》び、……】(その心どおりなら喜び、……)

例の「則」は「~レバ則チ」なので、訳すときには無視してOKですね。

2 即チ(すぐに)

例 呼ベバ即チ在リレ前ニ。【呼《よ》べば即《すなは》ち前《まえ》に在《あ》り。】(呼べばすぐに前にやってくる。)

これはわかりやすいです。「即答」や「即席ラーメン」の「即」ですね。

3 便《チ》（すぐに・たやすく・簡単に）

例 畢《お》ハリテ便《チ》去《ル》。【畢《お》はりて便《すなは》ち去《さ》る。】（終わるとすぐに立ち去った。）

「便利」の「便」です。意味が三つありますが、「便利なもの＝すぐに・たやすく・簡単にできる」と覚えましょう。

4 乃《チ》（やっと・そこで・なんと）

これは、熟語が思いつかないです……。

そうですね。よって、「すなはチ」の中で入試頻出の一つです。単純に「読み」問題も頻出ですよ。まず、「すなはチ」と読めるようにしましょう。意味「やっと」は、2・3「すぐに」の逆ですね。そして、それ以外にも「そこで」や「なんと」の意味もあり、同じくらいの頻度で使われるので、三つとも踏まえて文脈判断が必要です。

例 臭《キコト》数月《ニシテ》乃《チ》已《ム》。【臭《くさ》きこと数月《すうげつ》にして乃《すなは》ち已《や》む。】（悪臭は数か月してやっとやんだ。）

なるほど、だから入試頻出なんですね。

それでは、入試でよく出題される二つ目も確認しましょう。

5 **輒チ**（そのたびごとに・いつも・すぐに）

例 **輒チ**易シレ讎《う》リ。【輒《すなは》ち讎《う》り易《やす》し。】（いつも売りやすい。）

日本語のふだんの文章であまり見かけない文字ですね。

そう。だから、まず単純に「読み」が出題されます。そして、意味も大事ですよ。

訳が三つあるけれど、実質的には二つですね。「そのたびごとに」と「いつも」は同じだもん。

そうですね。昔は「そのたびごとに・いつも」の意味がよく出題されたのですが、最近は「すぐに」の意味もよく出ますので、この二種類をしっかり覚えておきましょう。

それでは、最後にほぼ出題されないオマケのようなものを。**1**同様、意味は覚えようとしなくてOKです。

6 **而チ**（ならば・そこで）

例 **而チ**不レ得。【而《すなは》ち得《え》ず。】（そうならば、あり得ない。）

置き字でおなじみの「而」ですね。これも「すなはチ」と読むときがあるんですね。

そうなんです。「而」は置き字しかあまり知られていませんが、「すなはチ」や「なんぢ」（あなた・あなたたち）の読みもあるんですよ。

「なんぢ」も？

まれではありますが、最難関大が「すなはチ」や「なんぢ」の読みを出題したことがありますので、オマケではありますが、読みは知っておいたほうがよいですね。

わかりました。1～6まで全部「すなはチ」と読むことと、意味が大事なものはそれも覚えておきます。

次は「**倒置が起こる場合**」を五つ学習しましょう。語順はとても大事ですが、倒置が起こる場合があります。

倒置は補足程度にざっと確認する程度で大丈夫ですので、気楽に見ていきましょう。

「詠嘆」のときに、倒置ありましたよね？ 何でしたっけ？ 文末の「也」が「や」になる句法……。

【12時間目】の「**A哉、N也**」ですね。そう、これが倒置の一つ。では、残り四つですね。

2 否定文中のOかCが代名詞の場合

例 不㆓之ヲ知㆒ラ。【之《これ》を知らず。】（これを知らない。）

不㆓子ニ言㆒ハ。【子《し》に言《い》はず。】（あなたに言わない。）

本来なら「否定＋V＋O」の順なので「不知之」のはずですが、**否定文でOが代名詞**「之」（＝これ）で倒置が起こり、「不㆓之知㆒」となります。

同じように、本来は「否定＋V＋C」のはずだけれど、**否定文でCが代名詞**「子《し》」（＝あなた）で、倒置になるんですね。

そういうことです。

3　Oが疑問詞の場合

例　何ヲカ食フ。【何《なに》をか食《く》ふ。】（何を食べるのか。）

こちらも本来は「ＶＯ」の順なので「食何」のはずですが、**Oが疑問詞の場合は**、このように**倒置します**。

私たち日本人にとっては、こっちのほうがなじみがある順番ですよね。

たしかに「食何」よりも「何食」のほうが、上からそのまま理解できますね。

4　「以」を用いる場合

例　以ツテレ書ヲ遺《おく》ル。【書《しよ》を以《も》つて遺《おく》る。】（手紙を送る。）

「手紙を送る」なら、本来は「遺レ書」です。ですが、「以」を用いることによって、「以ＯＶ」とOがVの上にきます。

「以」には**「理由・手段」**の用法がありましたよね？

はい。「以」の大事な用法は、まずは「理由・手段」です！　ですが、このように**「以」を用いて倒置になる**場合があり、その場合は**「目的」**のはたらきです。「以」を無視して日本語と同じ語順で読むだけなので、わかるとかえって読みやすいですね。**「以」を無視してそのままキレイにすんな**

り解釈できた場合は倒置だと考えてください。

5 「之」を用いる場合

例 罪ヲ之レ恐ル。【罪《つみ》を之《こ》れ恐《おそ》る。】（罪を恐れる。）

本当なら「恐レ罪」ですよね。

そこに「之」を間に用いて、「O 之 V」と倒置になります。これも「之」を無視して、日本語と同じ語順になっているので、わかれば読みやすいはずです。

ちなみに、訓点があれば、倒置かどうかなんて深く考えずに、訓点を頼りにそのまま読んでいけばよいですよ。

それでは、**例題**にチャレンジしましょう。

例題

問1 「便 游《あそ》ブ二河北ニ一。」の傍線部の送りがなを含めた読み方として最もふさわしいものを、次の中から選べ。

ア あへて　イ すでに　ウ まことに　エ すなはち　（國學院大）

問2 「即 以テ二其ノ鞭ヲ一鞭ウチレ之ヲ、……」の傍線部の読みを送りがなも含めて記せ。（北海道大）

問3 「乃 放チテ二老馬ヲ一、……」の傍線部の読みと意味の組み合わせとして、最も適当なものを次の中から一つ選べ。

a かつて――むかし　b なんぢ――そなた
c すなはち――そこで　d すなはち――すぐに
e しばらく――ひとまず　（関西大）

問4 「輒」の(a)読み方と(b)意味として正しいものを次の中からそれぞれ一つずつ選べ。

(a) 1 かへつて　2 さらに　3 また　4 すなはち　5 はた
(b) 1 思うに　2 ふたたび　3 なぜなら　4 しかし　5 いつも　（獨協大）

例題 設問の解説

問1の「**使**」は、**V**「游」**の上にあるので、副詞**で「すなはち」です。よって、エが正解ですね。

問2も「すなはち」ですよね。

問3も「すなはち」ですが、「**乃**」は入試頻出の一つでしたね。意味は三つありましたが、なんですか?

「乃」に「すぐに」の意味はないのは覚えていたので、c「そこで」にしましたが、じつはちょっと忘れてしまいまして……。

では、再度復習！「乃」は「そこで・やっと・なんと」の三種類です。しっかり覚えておきましょうね。

問4は自信がありますよ！(a)はもちろん4「すなはち」。(b)は「そのたびごとに・いつも」で5です。

あと一つ、「すぐに」の意味もありましたよね。今回は該当選択肢が「いつも」だけなので、迷わず選べますよね。

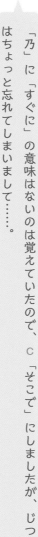

例題 設問の解答

問1 エ

問2 すなはち

問3 c

問4 (a) 4 (b) 5

例題 【書き下し文】・（現代語訳）

問1

【便《すなは》ち河北《かほく》に游《あそ》ぶ。】（すぐに河北に遊説《ゆうぜい》する。）

問2

【即《すなは》ち其《そ》の鞭《むち》を以《もっ》て之《これ》を鞭《むち》うち、……】（すぐに鞭でこれを鞭打ち、……）

問3

【乃《すなは》ち老馬《ろうば》を放《はな》ちて、……】（そこで老いた馬を放して、……）

「以」を用いる句法

♪イントロ♪

ここまでにも何度か扱った「以」の文字を用いる句法**1**～**10**を、きちんとまとめておきましょう。

そんなにたくさんあるんですか？　イヤだなぁ……。

順序を追って確認していくと、負担なく理解できるから大丈夫ですよ。

それではさっそく**1**から見ていきます。これはきっともう大丈夫でしょうね。

1　以テ二～ヲ一　**【～を以《もっ》て】**（〔**手段**〕～で／〔**理由**〕～から）

例　以テ二貴勢ヲ一……　【貴勢《きせい》を以《もっ》て……】（高位者の権勢で……）

はい、大丈夫です！　「**手段・理由**」は覚えました。

2は、**1**から派生したようなものです。

2 **以**テス二～ヲ一。　**【～を以《もっ》てす】**（～でする）　例　**以**テスレ**言**ヲ。**【言《げん》を以《もっ》てす。】**（言葉でする。）

文末で「～以てす。」は「～でする。」と訳すだけです。もしも、文中であれば、「～以てし、」と連用形で続いていきますが、そのあたりは臨機応変に。

1と同様、「**手段**」なので、別に難しくありませんね。

では、同様に**1**から派生したような**3**〔**理由**〕を見ましょう。

3 **以**テ二～ヲ一**也**《なり》。　**【～を以《もっ》てなり】**（～からである）　例　**以**テレ**病**ヲ**也**。**【病《やまひ》を以《もっ》てなり。】**（病気だからである。）

文末の「**也**」も、**上に疑問・反語がない** ⬇ 断定「なり」ですね。たしかに、これも負担ではありません。

4 **以**テ二～ヲ一[V]ス。　**【～を以《もっ》てVす】**（〔**手段**〕～でVする／〔**理由**〕～からVする／〔**目的**〕～をVする）

＊Vス＝「**Vは終止形読み**」ということ。サ変動詞とみなして便宜上「Vス」と表記している（以下同）。

これは**1**に**V**がついたものです。「手段・理由」が大事なのですが、この形、**【17時間目】**で学習した**倒置**の場合もありましたね。それが「**目的**」です。〔**手段・理由・目的**〕は文脈判断が必要です。次の例で確認しておきましょう。

例 以テ車四五両ヲ出デテ観ル。【車四五両《しやしごりよう》を以《もつ》て出《い》でて観《み》る。】（車四五台で出かけて見物した。）➡〔**手段**〕

例 紫式部以テ著ハスヲ源語ヲ称セラル于世ニ。【紫式部《むらさきしきぶ》源語《げんご》を著《あら》はすを以《もつ》て世《よ》に称《しよう》せらる。】（紫式部は『源氏物語』を書いたことによって世間で称賛されている。）➡〔**理由**〕

例 以テ女ヲ妻《めあは》ス焉。【女《むすめ》を以《もつ》て妻《めあは》す。】（娘を嫁がせる。）➡〔**目的**〕

5に進む前に、この4をしっかり理解してください。5は**入試頻出**です。5以外にも文章中にはたくさん出てくるので全部大事ですが、次の5は**頻出問題の形**です！

5 Vスルニ以テス～ヲ。【Vするに～を以《もつ》てす】（〔**手段**〕Vするのに～を用いる〔**理由**〕～によってVする／〔**目的**〕～をVする）

＊Vスル＝「Vは**連体形読み**」ということ。サ変とみなして便宜上「Vスル」と表記している。

4の倒置の形です。4では、Vが下にありましたよね。これは、**Vが上にある形**です。〔**手段・理由・目的**〕のはたらきは同じで、文脈判断が必要です。

それならば、どうして4より5のほうが問題として頻出なんですか？

ポイントは「読み方」です。特に「**Vスルニ**」の読み方。白文のときに、4「～を以てVす。」はふつうに終止形で終わるのでスンナリ読みやすいのですが、5では「Vするに」の読み方は覚えていないとアウトですよね。たとえば、選択肢問題で書き下し文を出題されて、「Vするに」の読みだけで正解が選べることもあります。よって、「以～」**の上に**「**V**」**があるとき**は、「Vするに～を以てす」の読み方を思い出してください。次の**例**で確認してみましょう。

例 斫《き》ルニ以レテシ刀ヲ、……　【斫《き》るに刀《かたな》を以《もつ》てし、……】（刀で斬って、……）

意味は4の倒置なので、4を覚えていればなんとかなりそうです。

ちなみに、古文の**助詞**「**に**」の接続は**連体形**なので、それを使うと「Vするに」の読みはわかりやすいのですが、白文だと肝心な「に」も書いていないので、覚えておく必要があります。

6 **以テVス**　【以《もつ》てVす】（Vする）

Vと「以」の間に何もない場合、**Vの真上の「以」は強意**なので、**訳さなくてOK**です。つまり「以」は消してOK！　けっこう文章にも出てきます。心置きなく無視してください。いちおう**例**を見ておきましょう。

例 ~~以~~テ属《つな》ゲレ獄ニ。　【~~以《もつ》~~て獄《ごく》に属《つな》げ。】（獄につなげ。）

これはラクだし、ありがたいです♪　Vの真上の「以」は無視！　ですね。

いちおう「以て」と読むのは読みますが、**意味は無視**でOKです。

「以」の文字は直前に「ヲ」の送り仮名が絶対あると思っている人がいるのですが、**6**のように出だしが「以て」の場合もあるし、じつは次の**7**のように「テ」もあるんですよ。

7 **V_1テ以テV_2**【V_1て以《もっ》てV_2】（V_1してV_2する）

例 君子ハ学ビテ以テ致ス二其ノ道ヲ一。【君子《くんし》は学《まな》びて以《もっ》て其《そ》の道《みち》を致《いた》す。】（君子は学んで、そして道を会得する。）

このように、VとVにはさまれて、「〜テ」の送り仮名から「以」を読むときの「以」は**接続詞**です。「V_1して、そしてV_2する」ということですが、「そして」はなくても意味は同じなので、この「以」も無視してOKです。

V_2の上に「以」で、**6**と同様にVの真上の「以」は無視！と一緒にして覚えてよさそうだから、これもラクそう♪

少し息抜きができましたか。それでは、入試超頻出のものを確認しましょう。

8 **以テレAヲ為スレBト**【Aを以《もっ》てBと為《な》す】（AをBと思う／AをBにする）

例 力学ハ以テ二読書ヲ一為スレ本ト。【力学《りょくがく》は読書《どくしょ》を以《もっ》て本《もと》と為《な》す。】（努力して学ぶには読書を根本と考える。）

なんとなくこの読み方、聞いたことがあります。

そうですね。大事な句法です。「**以**」と「**為**」**が近くで使用**されていれば、それぞれ下から返って「**Aを以《もっ》てBと為《な》す**」と読みます。こちらも、この読み方だけで選択肢が絞れてしまう場合もありますね。

では、読み方だけがポイントですか？

いいえ、意味も大事です。「AをBと思う／AをBにする」など、頭の中で「A＝B」と考えてください。

8では、「以」と「為」の間に名詞がありますが、「以」の真下に「為」がある場合を、最後に二つ見ておきましょう。

9 以テ為スレ短ト【以《もっ》て短と為《な》す】（短と思う）

例 以テ為ス二妖異ト一。【以《もっ》て妖異《ようい》と為《な》す。】（妖怪だと思う。）

10 以為ヘラク～長……ト【以為《おも》へらく～長……と】（～長……と思う）

例 以《お》為《も》ヘラク、己ノ生マレシ歳ハ直《あたり》レ子《ね》ニ、鼠ハ子ノ神也ト。【以為《おも》へらく、己《おのれ》の生《う》まれし歳《とし》は子《ね》に直《あた》り、鼠《ねずみ》は子《ね》の神《かみ》なりと。】（自分が生まれた年は子の年にあたり、鼠は子の神であると思う。）

9は、8のAが省略されたものです。10は、9と訳は同じですが、ちがいは「～」の部分の長さです。

9は「～」が短い場合。「為」に返り点をつけて、先に短⬇「為」に戻り、「以《もっ》て短と為《な》す」と読みます。

10は「～」が長い場合。あまりにも長いと、下の部分から返ってきて読むことは避けたいため、先に、「以為」を「おもへらく」と読みます。そして、その長い部分をつけ足して、「～長……と」と読みます。いわゆる**倒置**です。

9の「為」は、「為《な》す」＝Vなので、「以」がVの真上にありますよね？　だから、これも**6**同様、「以」は無視する感覚でよいですか？

ＯＫですよ。訳は「短と思う」で、「**以**」は訳出していませんから**無視でＯＫ**です！

たくさんありましたが、習ったことをリンクさせていくと、意外と頭に入ります。もちろん、一度読んだだけで全部完璧には覚えられないので、まずは見て理解してください。理解ができれば、何度も復習して定着させてくださいね。

それでは、**例題**にチャレンジしましょう。

例題

問1 「以為天下ノ利害之権ハ皆……」の傍線部の読み方を、送り仮名も含めひらがなで書け。（福岡教育大）

問2 「不以一己之利為利。」の書き下し文を書け。（福岡教育大）

問3 「以テレ有ルヲレ礼也。」を現代語訳せよ。（県立広島大）

問4 ある家で、何をしても許された鼠たちが好き放題していたが、その家の主が引越し、次の家主に駆除された話の作者の感想として最後にある「彼以其飽食無禍為可恒也哉」の書き下し文として最も適切なものを次の中から選べ。

ア 彼は其の飽食するを以て禍無く恒にすべしと為したるか。

イ 彼は其の飽食して禍無きを以て可と為し恒ならんか。

ウ 彼は以て其れ飽食し禍無くして恒にすべしと為したるか。

エ 彼は其の飽食して禍無きを以て恒なるべしと為したるか。

オ 彼は其の飽食するを以て禍無く可と為し恒ならんか。

（法政大）

例題 設問の解説

問1は「**以為～**」で、「**為**」**の下に返り点がなく**、しかも「～」部分が**長い**ですよね。この場合の読みは？

「以為へらく」！「ひらがなで」とあるので、正解は「おもへらく」です。

問2は書き下し文ですね。ポイントの漢字を見抜けましたか？

「以」と「為」がセットで使われています！「**以A為B**」は「Aを以《もつ》てBと為《な》す」、「一己之利」の「之」＝助詞「の」➡書き下し文では平仮名にして、「一己の利を以て利と為す」ですね！

おしい。それだと、最初の「不」を見落としています。「不」は動作の否定➡「為す」に「不」をつけましょう。

えっと……「為す」を未然形にして「為さず」か。「一己の利を以て利と為さず」ですね！

そのとおり。では、問3。これのポイントはどこですか？

「**以～也**」の句法ですよね。「～だからである」と、「有」は返読文字で下の「礼」がSだから、「礼があるからである」にしました。

正解です。では、問4。
白文で漢字がズラズラ続いていますが、ポイント箇所は見抜けましたか？

問2と同じく「以A為B」で、「Aを以《もっ》てBと為《な》す」だとわかりました。Aの部分「其飽食無禍」から「を以て」という読みになっているのはイかエなので、そこまでは絞れました。ウは、「彼は」の次にいきなり「以て」と読んでいるので×。アとオは「無禍」の部分もAに入るのに、「以て」の次に読んでいるから×にしました。でも、イとエで迷ってしまいました……。イはBの部分が「可」までで、「可と為す」＋「恒〜」に続いていく読み方、エは「可恒」がBの部分で、まず「恒なるべし」と読んで、それに「と為す」をつけている形ってことですよね？

いいところまでがんばりましたね。あとは、訳して確認です。
まず、「以A為B」の訳はどうなりますか？

「AをBと思う・考える」で「A＝B」のイメージですよね。

そのとおりです。では、まずAの部分の訳はどうなりますか？　イとエの選択肢の前半を利用してよいですよ。

えっと……直訳は「飽食をして禍がない」ですね。「飽きるほど食べるのに何も害がない」のようなことかな。設問文から、「鼠たちが飽食をしていたのにおとがめがない」のようなことですね？

そのとおり。では、[B]の部分がどこまでかを考えましょう。「恒」の意味は【2時間目】でも答えてくれていましたが、今回もわかりましたか？　古文の「恒常条件」の「恒」から「いつも」でしたね。

では、イは「可能と思い、いつもだろうか？」で、エは「いつもできると思ったのか？」ですね。上から続けると、イ「飽食しておとがめがないのが可能と思い、いつもだろうか？」で、最後が不自然ですね……。エは「飽食しておとがめがないことを、いつもできると思ったのか？」で、駆除された鼠に対する言葉と考えると、文脈もＯＫ。エが正解ですね！

例題　設問の解答

問1　おもへらく

問2　一己の利を以て利と為さず。

問3　礼があるからである。

問4　エ

例題　【書き下し文】・（現代語訳）

問1
【以為《おも》へらく天下《てんか》の利害《りがい》の権《けん》は皆《みな》……】（思うに、天下の利害の権力はすべて……）

問2
【一己《いっこ》の利《り》を以《もっ》て利《り》と為《な》さず。】（一人の利益を利益と考えない。）

問3
【礼《れい》有《あ》るを以《もっ》てなり。】

問4
【彼《かれ》は其《そ》の飽食《ほうしょく》して禍《わざわひ》無《な》きを以《もっ》て恒《つね》なるべしと為《な》したるか】
（彼は飽きるほど食べておとがめがないことがずっと続けられると思ったのだろうか。）

19 時間目

「豈」を用いる句法

♪イントロ♪♪

「豈」を用いる句法もいくつかありましたね。再度きちんとまとめておきましょう。**1**〜**5**では、**5**だけが新しいものです。

1〜**4**は復習なんですね！　これはうれしいです♪

【18時間目】の「**以**」と同じく、「豈」も**入試頻出**です。白文で出題される場合も多いので、「豈」が使用される句法にどんなものがあったかをこうしてまとめておくと、そのときにもとっても役立ちますよ！

それでは、まず基本中の基本「**反語**」の復習から。**例**はあえて同じものを載せますので、再確認しておきましょう。

> **1** 豈ニ〜ン（哉・乎・与・歟・邪・耶・也）【豈《あ》に〜ん（や）】（どうして〜だろうか、いや、〜ない）
>
> **例** 豈ニ賢ラン二於子ヨリ一乎《や》。【豈《あ》に子《し》より賢《まさ》らんや。】（どうしてあなたよりもすぐれているだろうか、いや、すぐれていない。）

これは大丈夫です！「〜ン（や）」＝**反語**は、もう頭にこびりついています。

すばらしいですね。それでは、次は「累加《るいか》」の復習。

2 豈ニ唯ダニ〜ノミナランヤ【豈《あ》に唯《た》だに〜のみならんや】（どうして〜だけであろうか、いや、〜だけではない）

例 豈ニ独リ其ノ国ノミナラン邪《や》。【豈《あ》に独《ひと》り其《そ》の国《くに》のみならんや。】（どうしてその国だけであろうか、いや、その国だけではない。）

例は「**唯**」が「**独**」になったもので、「**ただに**」⬇「**ひとり**」と読み方が変わるだけですよね。

そのとおりです。**3**・**4**は【12時間目】で学んだ「**詠嘆**」の復習です。

3 豈ニ不《ず》二〜一哉《や》【豈《あ》に〜ずや】（なんと〜ではないか）

例 豈ニ不《ず》レ浅カラ乎《や》。【豈《あ》に浅《あさ》からずや。】（なんと浅薄ではないか。）

詠嘆のときのポイントは「〜ずや」でしたよね！

そう。詠嘆の句法「**不亦A乎**」【またAずや】と同じように、「〜ずや」が詠嘆のポイントです。**3**白文を「豈に〜ざらんや」と読むと「**反語**」（どうして〜しないだろうか、いや、〜する）になることにも気をつけなければいけませんでしたね。【11時間目】に出てきました。

4 **豈ニ非ズ二〜ニ一哉《や》**【豈《あ》に〜に非《あら》ずや】（なんと〜ではないか）

例 **豈ニ非ズレ命ニ也歟《や》。**【豈《あ》に命《めい》に非《あら》ずや。】（なんと天命ではないか。）

3の「不」が「**非**」になっただけです。こちらも「〜**ずや**」がポイントで、**詠嘆**とわかりますよね。

「**非**」**の直前の送り仮名が「ニ」ということも大事でしたよね！**

とっても大事なポイントでしたね。忘れていた人は【8時間目】の「**否定**」を再度復習しましょう！

それでは、今回新しく学習する**5**を確認しましょう。

5 **豈ニ〜歟《か》・耶《か》**【豈《あ》に〜（**連体形**）＋か】（なんと〜であろうか、きっとそれにちがいない／じつに〜であろうぞ／おそらく〜であろうなあ）

例 **豈ニ為シテ二殺心ヲ一而形《あらは》ルル二於声《おと》ニ一者ナル乎《か》。**【豈《あ》に殺心《さつしん》を為《な》して声《おと》に形《あらは》るる者《もの》なるか。】（おそらく殺伐とした心が生じて音に表れたのだろうなあ。）

「豈」が「〜か」とセットで用いられることってあるんですね!?　「や」だけだと思っていました。

そうなんです。「〜や」と一緒に使うイメージが強いと思いますが、じつは「〜（**連体形**）＋か」**とセットで使う場合もあるん**です。その場合、意味は「**推測**」です。

そんな用法があったのですね。「豈」はやっぱり「〜んや」や「〜ずや」と一緒に用いて**反語**や**詠嘆**のイメージが強いので、これはやはりオマケ的な補足ですか？

いえ、じつは、最近はこの「**推測**」も入試でよく出題されています。ですから、「〜や」としか用いないという思い込みがあった人は、「〜（連体形）＋か」と一緒に用いることもあり、その場合は「推測」ということもおさえておきましょう！

それでは、**例題**にチャレンジしましょう。

例題

問1　「豈」の読みを、送り仮名も含めてひらがなで記せ。（名古屋大）

問2　「豈《ニ》用《ヒン》二多金《ヲ》一哉。」の解釈として最も適切なものを、次の中から一つ選べ。

ア　何のために大金を使うか。
イ　どうしても大金が要るのだ。
ウ　どうして大金が使えるか。
エ　どうやっても大金は使えない。
オ　どうして大金が要ろうか、要りはしない。（清泉女子大）

問3「向《さき》ニ為スハ二何カ声一ヲ、豈其鬼耶。」は、袋の中の鼠がチュウチュウ鳴き、ガサガサ音がしていたので袋を開けたところ鼠が死んでいたという場面の続きである。傍線部をひらがなの書き下し文にした場合、最も適当なものを次の中から一つ選べ。

＊鬼……化け物。

ア　あにそれきならんや　　イ　あにそれきなるか

ウ　あにそれきならんとするか　　エ　あにそれきならざるか

オ　あにそれきなりやいなや

（関西大）

問4「豈ニ非二ズ鈍キ者寿ニシテ而鋭キ者夭一ナルニ乎。」を現代語訳せよ。

＊寿……長寿。　夭……夭折。短命のこと。

（北海道大）

例題 設問の解説

問1は余裕です！「あに」ですね。名古屋大でもこういう基本を問うのですね。やっぱり、基本は大事ですね。

もちろんです。基本は土台ですからね。

問2も、訓点がついているからカンタンですね！「豈ニ～ン哉」で「反語」確定！だから「どうして大金を用いるだろうか、いや、用いない」で、同じ解釈ができているオが正解ですね？

そのとおりです。問3の傍線部は白文ですね。つまり、「豈」がどういう用法なのかを文脈で考えなければいけませんよ。

リード文で情報をつかんだうえで、傍線部の直前を大まかに訳すと「さっき音がしていたのは」みたいなことですよね。そして、傍線部。注釈から「鬼」＝「化け物」だから、「反語」だと「化け物か、いや、ちがう」となるけれど、鼠は死んでいるから「じゃあ何？」ってなっておかしいですよね。「詠嘆」なら「なんと化け物ではないか！」でOK！と思ったら、選択肢に「豈に～ずや」がありませんでした……。「累加《るいか》」も絶対おかしいし……。

では、今回新しく学習したものは何でしたか？

えっと……「推測」でしたね。あ！「おそらく化け物だろうな」。これか！じゃあ、たしか「連体形＋か」で打消はここにはないからイですね？

そういうことです。ちなみに、漢文で「鬼」は重要単語です。注釈がなくても、「鬼」＝「亡霊・化け物のたぐい」だとわかってくださいね。

では、最後。問4は現代語訳による記述ですが、訓点と注釈があるから親切ですね。

はい。「豈ニ～非ズ乎」＝詠嘆とわかりました。「なんと鈍い者は長寿で、鋭い者は短命ではないか」にしました。

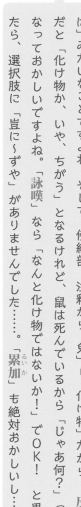

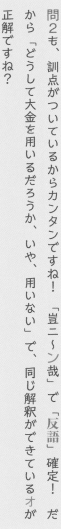

正解です。「豈」には、このようにいろいろな用法があるので気をつけましょう。

例題 設問の解答

問1 あに
問2 オ
問3 イ
問4 なんと鈍い者は長寿で、鋭い者は短命ではないか。

例題 書き下し文・(現代語訳)

問2
【豈《あ》に多金《たきん》を用《もち》ひんや。】

問3
【向《さき》に何《なに》か声《おと》を為《な》すは、豈《あ》に其《そ》れ鬼《き》なるか。】(先ほど何か音がしていたのは、おそらく化け物だろう。)

問4
【豈《あ》に鈍《にぶ》き者寿《ものじゅ》にして鋭《するど》き者夭《ものよう》なるに非《あら》ずや。】

20 時間目

重要語句の読み・意味

♪イントロ♪♪

ここまで本当にたくさんがんばってきましたね。この【20時間目】で「第1部　基本編」はいよいよ最終回です。

最終回は「**重要語句の読み・意味**」です。せっかく句法を覚えても、単語や語句がわからないと読解ができません。

古文で文法だけできても、単語がわかっていないと読解ができないのと同じですね。

そのとおり。ですが、**漢文の必要単語数はものすごく少ない**んです。古文だと、中堅私立大あたりで300～400語、難関大以上だと500～600語くらいが必要とよく言われます。でも、**漢文だと100～200語あたりで、まあまあ対応できます。**

えっ？　そんなに少なくていいんですか？

はい、それくらいでもかなり対応できるようになりますよ。

それでは、まずは「**人称代名詞**」から見ていきましょう。

一人称

❶ 我・吾《われ》・己《おのれ》・余《よ》・予《よ》・某《ぼう》・某《なにがし》（私・私たち）	❷ 臣《しん》（君主に対して「私」）
❸ 妾《せふ（しょう）》（女性の「私」）	❹ 朕《ちん》（天子の自称）
❺ 寡人《かじん》・孤《こ》（諸侯〈＝天子から領地を分与された君主〉・王の自称）	
❻ 不肖《ふせう（ふしょう）》（〈立派な親に似ず愚かな人の意味〉➡ ❶私 ❷愚か者）	

「私」を表す一人称、こんなにたくさんあるんですね!?

誰に対してなのか、誰の自称なのかが決まっているものは、それをきちんとおさえることがポイントです。たとえば「寡人」と見ただけで、「王の自称」だとわかるようにしましょう。「寡人」は**入試頻出**ですよ。

では、「妾」なら、その主語は「**女性確定**」ということですね?

そういうこと。よって、主語把握にも使えますので、「一人称」はすべてわかるようにしましょう。

二人称（あなた・あなたたち）

❶ 汝《なんぢ》・女《なんぢ》・若《なんぢ》・爾《なんぢ》・而《なんぢ》	❷ 子《し》	❸ 卿《けい》・吾子《ごし（あこ）》
❹ 君《きみ》	❺ 夫子《ふうし》	❻ 足下《そっか》

二人称は、それぞれ何かちがいがあるのですか?

いちおうありますが、❶～❸に関しては必死に覚える必要はありません。「二人称」だとわかればよいのです。(「なんぢ」＝「**対等か目下**」、「子」＝「二人称の敬称」、「**卿・吾子**」＝「**夫婦間、親しい友人**」などです)。

ただし、❹「君」は、「二人称」より「君主・王者」**の意味で使われる場合のほうが多い**ので、気をつけましょう。❺「**夫子**」も、二人称以外に「先生」や「孔子《こうし》」の意味があります。❻「**足下**」は**手紙文**で使用されたり、目下から目上に対する敬称です。

❶「なんぢ」にたくさん漢字がありますが、これも特にちがいはないのですか?

はい、深く考えなくてOKです。文字を見て「なんぢ」と読む場合がある、ということをおさえてください。

では、次に、**位**や**立場**など**人物に関するもの**をまとめておきましょう。

❶ **上**《しやう(しよう)》(天子)	❷ **相**《しやう(しよう)》(宰相《さいしよう》)	❸ **左右**《さいう(さゆう)》(近臣)
❹ **公卿**《こうけい》(高位高官)	❺ **大夫**《たいふ》(中級の官)	❻ **吏**《り》(下級役人)
❼ **庶人**《しよじん》(庶民)	❽ **百姓**《ひやくせい》(民衆)	❾ **故人**《こじん》(旧友)
❿ **知己**《ちき》・**知音**《ちいん》(理解者・親友)		⓫ **字**《あざな》(別名)

⑫ **君子**《くんし》（立派な人）⇕ **小人**《せうじん（しようじん）》（つまらない人・身分の低い人）

⑬ **賢**《けん》（すぐれている人）⇕ **不肖**《ふせう（ふしよう）》

これらにも何かポイントはありますか？

「意味」も「読み」も**入試頻出**なのが⑧です。意味がよく問われるものは②、③、⑨、⑩ですね。

②の意味の「**宰相**《さいしょう》」って何ですか？　それ自体は「宰相」の「相」で覚えやすいけど、「宰相」が何かがわかりません……。

「**皇帝を補佐する最高位の官**」です。日本でいえば内閣総理大臣のような政治のトップを想像してください。

③「**左右**《さいう》」は、「どんなときも左見ても右見てもいつもいる人」⬇「側近」と覚えておくとよいですね。

⑨「**故人**《こじん》」の「**故**」は「古い」という意味です。だから「古くからの友人」。「**亡くなった人**」**ではない**ので要注意！

⑩「**知己**《ちき》」は、そのまま「己（＝自分）」のことをよく知っていてわかってくれる人」＝「理解者・親友」です。「**知音**《ちいん》」は、「楽器の演奏の音を聴いただけでその人だとわかる」＝「親友」ということです。

そうやって覚えると忘れなさそうですね。

他も文章中で頻出するので、意味はわかるようにしておいてくださいね。
それではその他の重要単語を、ざっとまとめておきましょう。読み（意味）の順です。

名詞

- ❶ **為人**＝ひとトなリ（人柄）
- ❷ **理**＝り（道理）
- ❸ **所以**＝ゆゑん（理由・手段）
- ❹ **人間**＝じんかん（世の中・俗世間）
- ❺ **城**＝しろ・じょう（町）

動詞

- ❶ **道**＝いフ（言う）
- ❷ **白・首**＝まうス（申す・告げる）
- ❸ **謂曰**＝いヒテいハク（言うことには）
- ❹ **対曰**＝こたヘテいハク（答えて言うには）
- ❺ **中**＝あタル
- ❻ **竟・卒**＝おハル
- ❼ **困**＝くるシム
- ❽ **卒**＝しゆつス（亡くなる）
- ❾ **事**＝つかフ（お仕えする）・ことトス（実践する）

形容詞

- ❶ **寡**＝すくなシ（少ない）
- ❷ **衆**＝おほシ（多い）
- ❸ **少**＝わかシ（若い・年少）

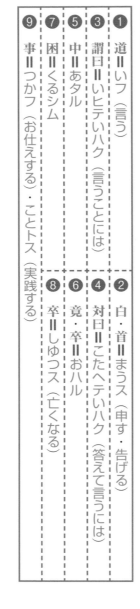

副詞など

＊「副詞」の読み・意味は入試超頻出！

1 終・卒・遂・竟＝つひニ（けっきょく・その結果・とうとう）
2 俄・卒・暴・遽＝にはカニ（急に）
3 私・陰・窃＝ひそカニ
4 忽＝たちまチ（急に）
5 偶（々）・適（々）・会＝たまたま
6 数々＝しばしば（たびたび）
7 固＝もとヨリ（もともと・言うまでもなく）
8 素＝もとヨリ（日ごろから）
9 夫＝そレ（そもそも）
10 抑々＝そもそも
11 凡＝およソ（そもそも）
12 動＝ややモスレバ（とかく〔そうする傾向が強いこと〕）
13 毎＝〜ごとニ・つねニ
14 方・正＝まさニ（ちょうど）
15 所謂＝いはゆる（世間一般に言われる）
16 早＝つとニ（先に・前もって）
17 嘗＝かつテ（以前に）
18 徒＝ただ〔〜ノミ〕・いたづらニ
19 因＝よりテ（〜から・そこで）・ちなみニ
20 頗＝すこぶル（たいそう）
21 未幾＝いまダいくばくナラず（まもなく）
22 須臾＝しゅゆニシテ（まもなく）
23 無幾（何）＝いくばくモなク（まもなく）
24 蓋＝けだシ（思うに・たぶん）

「是」系

＊入試頻出！

1 是以＝ここヲもつテ（だから・こういうわけで）
2 以是＝これヲもつテ（これで）
3 於是＝ここニおイテ（そこで）
4 如是・若此＝かクノごとシ（このようだ）
5 由レ是＝これニより［テ］（こういうわけで）

＊由レ是則＝これニよレバすなはチ

複数あるもの

❶ 之＝の・これ・ゆク	❷ 已＝すでニ・やム・のみ
❸ 過＝～ニよギル（～を訪問する）・すグ・あやまツ（間違える）・あやまチ	
❹ 悪＝にくム・そしル・いづくンゾ・いづクニカ	
❺ 且＝まさニ～ントす（今にも～しようとする）・かツ（さらに・そのうえ・そもそも）・しばらク（ひとまず・少しのあいだ）	
❻ 為＝{～ノためニ / ～トなル / ～ヲなス（～を行う） / ～トなス（～とする） / ～ヲつくル / ～ヲをさム（～を治める） / たリ（～である）「断定」 / る・らル（～れる・られる）「受身」}	❼ 与＝{と ⬆「与」の「読み」の問題として最頻出 / あたフ / くみス（味方する・賛成する） / あづかル（関係する） / ともニス / ともニ（一緒に） / よリハ / か・かな ⬆ ～与。（＝文末）}

身分がわかる動詞

＊これらは主語把握で使えます！

❶ 対＝こたフ（目下から目上の人にお答えする）	❷ 諫＝いさム（目下から目上の人に注意する）
❸ 崩＝ほうズ（天子が亡くなる）	❹ 薨＝こうズ（諸侯が亡くなる）
❺ 弑＝しいス（子・臣が親・君を殺す）	

それでは、**例題**にチャレンジしましょう。

例題

問1　「於是」の送りがなを含めた読み方として最もふさわしいものを、次の中から選べ。

ア　よりてここに　イ　これにおいて　ウ　ここにおいて　エ　かくのごとく　（國學院大）

問2　「所以」について、送り仮名を含む読み方を平仮名で答えなさい。現代仮名遣いでもよい。　（金沢大）

問3　「遂不二極言一セ。」の傍線部の読みを、送り仮名も含めてひらがなで記せ。　（愛知教育大）

問4　「臣偶不レ齎《もたら》サレ所ヲレ業スル。」の傍線部の読みを、送り仮名も含めてひらがなで記せ。　（神戸大）

問5　「由是礼法之士疾《にく》ムコトレ之ヲ……」の傍線部の読み方を送り仮名も含めて平仮名で記せ。　（広島大）

問6　次の文章は、唐王朝の君主太宗に、上書（意見書）を出した人がおり、その二人がやりとりをしている場面である。傍線部の二つの「曰」について、それぞれの主語の組合せとして最も適当なものを、あとの中から選べ。

〈略〉～。対《こたヘテ》 a 曰《ハク》、「臣居《リ》二草沢《ニ》一、……」～〈中略〉～

b 曰《ハク》、「朕欲《シ》レ使《メント》三大信《ヲシテ》行《ハレ》二於天下《ニ》一、……」

（愛知大［改］）

ア　a 太宗　b 太宗　イ　a 太宗　b 上書人

ウ　a 上書人　b 太宗　エ　a 上書人　b 上書人

例題　設問の解説

問1は自信あります！　イですね？

……いいえ、思いっきりひっかかっていますよ。「於是」は「ここにおいて」です。よって、ウが正解。よく間違えますよね。**「於」とセットで使っている「是」は「ここ」です！**
しっかりおさえておきましょう。

……はい。では、気を取り直して問2。これは「ゆゑん」です。「現代仮名遣いでもよい」なので、「ゆえん」もOKですね。

そのとおり。問3は、この「遂」の漢字を読めと問題になっているならば、もう副詞だと思ってよいのですが、いちおう確認しておくと、「遂不二極言《セ》一。」で下に「助動詞＋動詞」があるので、副詞でOKですね。よって、答えは「つひに」です。

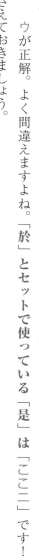

じゃあ、問4も、本当は念のために品詞を確認したほうがいいのかナ。私は、見た瞬間に「たまたま」って書いちゃいました。いちおう見ておくと、これも「助動詞＋動詞」が下にあるから、副詞でやっぱりOKですね。

まあ、でもやっぱり**副詞**でしたよね。頻出副詞の漢字は、読み問題の漢字を見ただけで「どうせ副詞でしょ?」と気づけるほうがよいですね。そして、念のために、チラッと品詞確認程度で。OKです。

問5は「是」系のなかの一つで「これにより(て)」ですね。

では、問6。「**人称代名詞**」の問題ですね。まずaを解くには、何がポイントですか?

「**対ヘテ**」だとわかりました! これは、基本的には**下➡上に答えるときに使う**ので、a＝上書人です。

そのとおり。あとは、セリフの出だしの「臣」＝「君主に対する『私』」からでもわかりますよ。では、bは?

そのあとのセリフの出だしが「朕」だから、これは君主の太宗で確定!

よくできました! よって、ウが正解ですね。
それでは、土台はこれでしっかり仕上がりましたので、「第2部　実践編」も引き続き一緒にがんばっていきましょう!

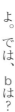

例題 設問の解答

問1 ウ　問2 ゆゑん〔ゆえん〕　問3 つひに
問4 たまたま　問5 これにより（て）　問6 ウ

例題 【書き下し文】・（現代語訳）

問1
【是《ここ》に於《お》いて】（そこで）

問2
【所以《ゆえん》】（理由）

問3
【遂《つひ》に極言《きよくげん》せず。】（とうとう最後まで思う存分発言しない。）

問4
【臣偶業《しんたまたまわざ》する所《ところ》を齎《もたら》さず。】（私はたまたまつくったものを持ってきていない。）

問5
【是《これ》に由《よ》りて礼法《れいはう》の士之《しこれ》を疾《にく》むこと……】（このことによって礼法を重んじる人はこれを憎むことが……）

問6
【～対《こた》へて曰《い》はく「臣草沢《しんさうたく》に居《を》り、……」～〈中略〉～曰《い》はく、「朕大信《ちんたいしん》をして天下《てんか》に行《おこな》はれしめんと欲《ほつ》し、……】
（〔上書人が太宗に〕お答えして言うには、「私は民間におり、……」～〈中略〉～〔太宗が〕言うことには、「私は信頼が天下において実践されることを望んでいて、……」）

第2部

実　践　編

知識をいかして得点につなぐ方法を
バッチリ教えます！

入試漢文を読むための土台は、「第１部」でしっかり固まりました。この「第２部」では、実際にさまざまな入試問題を解く際、どこに注目して読むと解きやすいのか、何に気づけば正解により速くたどりつけるのか、解くうえで意識すべきことは何かを学んでいきます。

そして、「漢詩問題の攻略法」も身につけましょう。漢詩に苦手意識を持っている受験生が多いのですが、基本事項やテクニックで解ける問題もあるので、それらは確実に得点しましょう。さらに、複数資料と会話文問題の攻略法も伝授します！

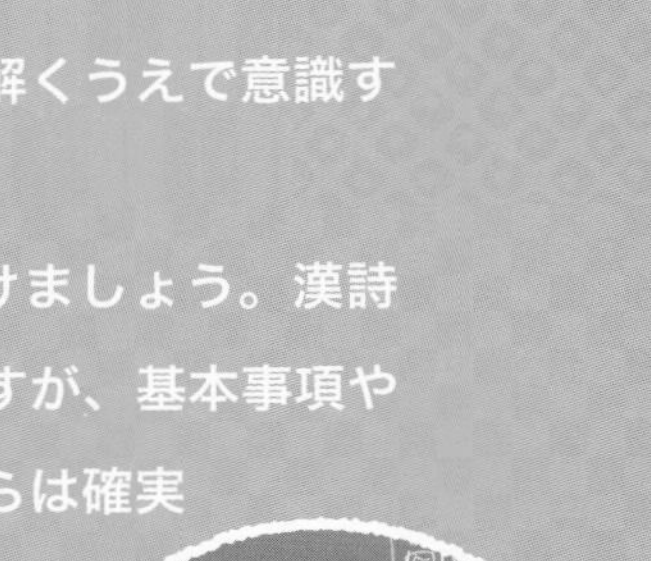

解く手順・思想家

♪イントロ♪

「第2部」はいよいよ実践編です。まずは、入試問題を解く手順を確認しましょう。基本的には古文と同じです。いきなり本文を読むのではなく、その前に次の四点を確認しましょう。

1 設問
2 注釈・注釈マークの有無
3 リード文
（4 出典**）**

1「設問」確認は古文同様、「**文脈に関係なく解ける問題**（たとえば、漢字の読み・文学史などの知識問題、文脈判断不要の句法問題など）**があれば即解く**」、「**設問文を読むだけで得られる情報がある場合は先に読み取る**」、「**何を問われているのかを把握してから本文を読み進める**」ためですね。

そうです。ただし、漢文の場合、設問の傍線部をチラッと**本文中で必ず確認**するようにしてください。なぜならば、**設問文のなかでは白文の場合も、本文の該当箇所には送り仮名や返り点、**

その両方（つまり、**訓点**）**がついている場合があるの**です！　白文よりも訓点つきのほうが絶対わかりやすいですよね。よって、漢文の設問チェックは傍線部の本文もチラッとチェックすることをお忘れなく。

2「**注釈・注釈マーク**の有無」確認も古文と同じです。受験生の知識を超えていることへの配慮だけではなく、**注釈が**「**解答**」**の根拠になっている**場合があります。よって、本文の後ろをチラッと見て、注釈の有無を確認すること。注釈がある場合は、本文に注釈マークがついているかどうかの確認も大事でしたね。

はい。注釈マークがついていない場合は一つ目の注釈の言葉だけ覚えて、本文でその言葉が出てきたら、該当の注釈説明を確認するんですよね。そして、**そのまま本文に戻らずに、また次の注釈の言葉だけ覚えてから本文に戻る**　↓　本文でその言葉が出てきたら注釈説明で確認　↓　本文に戻る前に次の注釈の言葉を覚える……という作業を繰り返す！

そのとおり。ちなみに、本文に注釈マークをつけない大学では毎年ついていない傾向があるので、**過去問を解いたときに確認しておく**とよいですよ（あくまでも傾向で、急に変わるかもしれないので本番でも確認はしてほしいのですが）。もし「注釈が一つだけ」とか極端に少なければ、本文に注釈マークがついているかどうかを探すよりも、**その言葉を覚えておくほうがよい**でしょう。そこは臨機応変に。

3「**リード文**」の確認は、「**情報収集のため**」でしたよね。これも古文と漢文は同じですね。ところで、**4**「**出典**」にカッコがあるのはどうしてですか？

漢文の場合は出典（＝作品名（本文の最後に『●●』と二重カッコのなかに書かれていることが多い））を確認しても、おそらく知らない作品の可能性が高いはずです。じゃあ、出典確認

はまったくのムダかというとそうでもなくて、思想家の有名作品・人物の話だった場合は、その人物の思想が背景知識としてあれば、「おそらくこういう方向性の話かな」と予測可能です。よって、チラッと出典をチェックして、それらかどうかを確認するのはアリかな、という程度なのでカッコつきにしたのです。

なるほど。ところで、思想家の有名人や作品名とか、たとえばどんなものを覚えておくべきですか？

では、代表的なものに触れておきます。

●**儒家**《じゅか》……**孔子**《こうし》が祖で、**仁**《じん》（＝深い**人間愛**・他者への**思いやり**）が最も重要だと考える。「**修己治人**《しゅうこちじん》」（＝まずは己を修めて、そのあとに人を治める）が使命。**孟子**《もうし》（＝**性善説**《せいぜんせつ》を唱える）や**荀子**《じゅんし》（＝**性**《せい》**悪説**《あくせつ》を説く）に受け継がれ、思想が展開されていく。

●**道家**《どうか》……**老子**《ろうし》が祖で、「**無為自然**《むいしぜん》」（＝「人為《じんい》」である知識や道徳などを排除して、自然の本性《ほんせい》に従うべき）を主張し、**儒家と対立**。**荘子**《そうじ》などに受け継がれる。「**老荘思想**《ろうそうしそう》」ともいう。

●**法家**《ほうか》……管仲《かんちゅう》が祖で、**法律**や**刑罰**を重んじる思想。集大成したのが**韓非子**《かんぴし》で、「**信賞必罰**《しんしょうひつばつ》」（＝賞すべき者には必ず賞を与え、罰すべき者には必ず罰を与えるべき）を唱える。

作品名は、孔子以外は名前がそのまま著書名になっています（『孟子』『老子』『韓非子』など）。

じゃあ、孔子の作品名は？　あ！『論語』でしたっけ？

『論語』はたしかに孔子と弟子たちの言行が記録されているものですが、**孔子自身が書いた作品ではない**ので、そこは注意してくださいね（文学史問題で出題されたことアリ）。**『論語』は孔子の死後、弟子たちが編集**したものです。ただし、本人が書いていなくても「儒家」の思想ですから、内容は「**仁**（人間愛・思いやり）、**義**《ぎ》（正しい道・正義）、**礼**《れい》（秩序・社会生活のルール）、**智**《ち》（道徳的分別）、**信**《しん》（誠実さ）」を大切にするというものですね。

わかりました。あとは大ざっぱにいうと、老子や荘子なら「自然でいいじゃん♪」、韓非子なら「法律大事！　刑罰必須！」みたいなイメージ、ですね。

そうですね。そして、それ以外の知らない作品であれば、サラッと流してください。おそらくこっちになることが多いので、知らない作品が出ても焦らなくてよいですよ。

ここまでに説明した四点（**1**「設問」、**2**「注釈・注釈マーク」、**3**「リード文」、**4**「出典」）の確認が終われば、それから初めて文章を読み進めましょう。絶対にこの**1**➡**4**の順番でなくちゃダメというわけではありません。この四点を、本文を読む前にすれば、順番はなんでもよいのです。リード文がやたら長い場合は、先にリード文から読み、ある程度情報を仕入れたうえで設問チェックをすると、よりわかりやすくなったりすることもあります。模試などのテストだけではなく、常日頃、練習として問題を解くときからこれを心掛けて習慣をつけておきましょう。**普段していないことは本番でできるわけがない**からです。もちろん、これらを踏まえて、「本文をきちんと読むことが大事」ですからね。

1時間目 同義語漢字問題の攻略法

♪イントロ♪♪

突然ですが、次の問題、解けますか？

> 例
> 問　傍線部（ここでは省略）「好」と同じ意味で用いられているのはどれか。次の中から一つ選べ。
> ❶ 愛好　❷ 好評　❸ 好況　❹ 好調　❺ 良好

え？　無理ですよ。だって、傍線部が省略されているのに、「同じ意味」と言われてもわからないですよ！

それはそうですよね、ごめんなさい。ただ、今回はあえて省略したのです。

ということは……選択肢だけで解けちゃうってことですか？

そうなんです。選択肢を見くらべると、一つだけ仲間はずれがあるのですが、どれかわかりますか？

「●●愛好家」は「●●が好き」ってことだから、❶「愛好」は「好き」の意味。❷「好評」は「高い評価・よい評価」だから「よい」の意味。❸「好況」は「景気がよいこと」、❹「好調」は「よい調子」、❺「良好」も「よい」だから……❶だけが「好き」ですね。つまり、❶が正解！

そういうことです。このように「同じ意味」の漢字の熟語を選ぶ問題がよく出題されます。例のように、**選択肢を見くらべて仲間はずれが一つだけだと、それが正解**です。ただし、いつもこんなに簡単なわけではありません。選択肢の全部の意味がバラバラで、きちんと意味を考えて解く場合のほうが、どちらかというと多いのです。ですが、このように選択肢だけで解ける場合もあるので、解き方として知っておいて損はありません。

今回は残り四つがすべて同じ「よい」の意味でしたが、たとえば、五個の選択肢のうち、同じ意味のものが二組で、残り一つが正解の場合もあるし、正解にたどりつけなくても、重複した意味があれば、ひとまずその選択肢は消去できますね。

仲間はずれを見つけるのはがんばればできそうですが、全部バラバラできちんと意味を考えなきゃいけないものは、どうやって解けばよいのですか？

選択肢が二字熟語であれば、それらの意味を考えて本文にあてはめるしかありません。ですが、意味さえわかれば、本文がきちんと読めていたら正解は選べるので、そんなにかまえなくても大丈夫です。選択肢が単純に「意味」（訳）の場合は、**傍線部の漢字を使った二字熟語を考えて本文にあては**

めて類推すると、どの意味なのか導きやすくなることも多いのです。

う〜ん、かまえなくてもいいみたいだけれど、やっぱりなんだか難しそうです……。

本当に難しい問題であれば正答率は下がるので、万が一間違えたとしても、そこまで致命傷にはならないはずです。もちろん気持ちは満点を目指して取り組んでほしいのですが、一番大事なことは、**「絶対落としてはいけない問題で自分も落とさない」**ことです。つまり、仲間はずれで解ける問題を落としてしまうのは致命的です。あと、そもそも熟語の意味がわからなければ仲間はずれかどうかもわかりませんので、ある程度の語彙《ごい》力も必要です。演習や模試などで間違えたとしても、そのときに知らなかった熟語を覚えていくなど、少しずつ日々努力を重ねてくださいね。

わかりました。

最後に、もう一度「解き方」をまとめておきます。

〈同義語漢字問題の攻略法〉

1 **選択肢を見くらべて仲間はずれが一つあれば、それが正解**

2 選択肢で**重複している意味**があれば、**それらの選択肢は消去**できる

3 選択肢が訳の場合は、傍線部の漢字を**二字熟語にして意味を類推すると**解きやすくなることが多い

4 文脈判断

それでは例題にチャレンジしましょう。

例題

問1 波線部（ここでは省略）「疾」と同じ意味で用いられている「疾」を含む熟語を、次の中から一つ選べ。

ア 疾走　イ 疾患　ウ 疾徐　エ 疾風

（早稲田大／『史記』）

問2 波線部（ここでは省略）「易」と同じ意味で用いられている「易」を含む熟語を、次の中から一つ選べ。

ア 簡易　イ 難易　ウ 軽易　エ 交易

（早稲田大／『史記』）

問3 「亦タ陛下ノ目ニ所ナリ二親シク見ル一。」の傍線部と同じ意味で「親」の字が用いられているものを、次の中から一つ選べ。

ア 親睦　イ 親書　ウ 親等　エ 親戚　オ 親和

（愛知大／『貞観政要』）

問4 「忠ハ不レ暴レ君、……」の傍線部と同義で用いられている「暴」の字を含む熟語として最もふさわしいものを、次の中から一つ選べ。問いの都合で送りがなを省いた部分がある。

ア 暴落　イ 暴食　ウ 暴利　エ 暴露

（國學院大／『説苑』）

問5　「其ノ言足ルレ徴スルニ者甚ダ多シ。」の「足」と同じ意味の「足」を含む熟語はどれか。次の中から一つ選べ。

〔注〕徴……引用すること。

ア　充足　イ　蛇足　ウ　足跡　エ　足下

（明治大／『先哲叢談』）

問6　「悪ムハ二人ノ聞クヲレ之ヲ、可也。」の傍線部と同じ意味をもつ「悪」を次のうちからすべて選べ。

ア　醜悪　イ　嫌悪　ウ　罪悪　エ　好悪　オ　善悪

（奈良教育大／『呂氏春秋』）

問7　「此ノ言近クシテレ是ニ而非ナルハ、……」の「是」の意味として最も適当なものを、次の中から一つ選べ。

ア　このこと　イ　似ていること　ウ　離れていること　エ　あらゆること　オ　正しいこと

（センター試験本試／『野鴻詩的』）

例題　設問の解説

問1・2は自信あります！　どちらも「**仲間はずれ**」で解けました。問1はイだけ「病気」の意味ですよね。「疾病《しっぺい》」の「疾」。ほかは全部「はやい」の意味です。「はやく走る」「はやい風」。正直にいうと、ウ「疾徐」の意味はよくわからなかったけど、イが「病気」なのは確実なので、自信はあるのです……。

それでよいですよ。せっかくなので「疾徐」も解説しておきます。「徐」は副詞として読みを問われる場合がありますよ。「おもむロニ」と読み、「ゆっくりと」の意味です。「徐行運転」の「徐」です。よって、「はやい」⇕「ゆっくり」の反対語で構成されている熟語ですね。でも、わからなくても問題は解けたので、本番はその考え方でOKです。

問2は、エ「交易」が「貿易」などと同じく「エキ」と読んで「代える・交換する」の意味ですよね。ほかの選択肢は「イ」と読んで、「易しい・簡単」の意味です。だから、エが正解ですね。

そのとおり。「易」の意味も頻出ですが、今のように音読みで考えるとわかりやすいですよ。よくできました。

早稲田大の問題ですが、どちらも点取り問題ですね！　ですが、問3が急に難しくて……。

問3も「仲間はずれ」で解けますが、その前に「親」の意味を確認しましょう。「親」には、❶「父母・親」（「両親」など）、❷「縁続きの身内」（「親類」など）、❸「したしい」（「親友」など）、❹「みずから・自分で直接」（「親展《しんてん》」など）の意味があります。

❶〜❸は馴染みがあるけど、❹が難しいです。そもそも「親展」の意味がわかりません……。

おそらく同じ人が多いでしょうね。「親展」は「自分自身で開けてください」という意味で、大事な封書（クレジットカードなどが自宅に郵送されてくるときなど）に書かれています。たまにそういう封書を見つけることがあると思いますよ。とはいえ、やはり他のものにくらべると❹が馴染みが

薄い ⬇ ❹を覚える必要があるということです。この意味になる熟語に触れておくと、「親見《しんけん》」（自分自身で直接見る）、「親征《しんせい》」（天子みずから軍勢を率いて遠征する）、「親政《しんせい》」（天子みずから政治を行う）、「親裁《しんさい》」（天子みずから取りさばく）などです。では、これらを踏まえて選択肢を見ていきましょう。

ア「親睦《しんぼく》」は「したしい」ですね。イ「親書《しんしょ》」は……なんだろう？　保留にします。ウ「親等《しんとう》」は「一親等（親・子）、二親等（祖父母、兄弟姉妹、孫）、三親等（叔父、叔母など）……」とかの「親等」＝「縁続きの身内」。エ「親戚《しんせき》」も「縁続きの身内」、オ「親和」は「したしい」。つまり、アとオが同じ、ウとエが一緒だから、保留にしていたイが正解だと予測しました。きちんと意味はわからなかったけど。

正解！　せっかくなので「親書」の意味も考えておきましょう。

えっと……「したしい」と「縁続きの身内」以外で、「おや」ではないから、あ！　大事な「自分自身で」の意味ですね？

そのとおり。先ほどあえて例としてあげませんでしたが、「親書」も覚えておいたほうがよいですよ。「親書」とは「自分自身で書く、または、その書いたもの」という意味です。

この問3は本文の送り仮名が「親シク」だから、ア「親睦」を見た瞬間、答えとして飛びついてしまいそうですね。

そうなんです。「みずからラ」と読んでいる場合はわかりやすいのですが、問3のように「したシク」と読んで「自分自身で」の意味になる場合もあるので気をつけましょう。

では問4。「暴」には、❶「はげしい・荒々しい」（「暴風」など）、❷「度を過ぎる」（「暴飲暴食」など）、❸「突然」（「暴発」など）、❹「あばく」（「暴露」など）、❺「（日や風雨に）さらす」などの意味があります。

これを踏まえて選択肢を見くらべると、ア「暴落」は「株価などが急激に大幅に下がること」⬇「突然」の意。イ「暴食」は「度を過ぎる」ですね。ウ「暴利」は「度を過ぎた利益」。エ「暴露」は「あばく」です。イとウは同じです。アは「突然」ですが、「暴落」は「突然大幅に予想を超えて（＝度を超えて）激しく下がる」ことなので、❶～❸の意味を全部あわせもつようなイメージでもあります。エ「暴露」だけ、まったくちがいます。よって、おそらくエだろうと予測することはできるかと思います。そのうえで本文にあてはめて確認するとよいのです。「暴」に送り仮名がついていませんが、きっと「忠は君を暴かず」＝「忠実な者は君主（の悪いところや秘密か何か）を暴露しない」でおかしくありませんね。やはり、エが正解です。

問5は、設問文に送り仮名があり、「足ル」だからわかりましたよ！　「足りる」＝「十分・満ち足りる」だからア「充足」ですよね！　選択肢のもう一つのほうの漢字（ここでは「充」）の意味から「充足」の意味を考えることができました。「充実」「充電」とかの「充」ですよね。

正解。「**熟語のもう一つのほうの漢字をヒントにする**」のも、とても大事な考え方です。

ちなみに、ほかの選択肢を確認しておくと、イ「蛇足」は、ヘビの絵を描く速さを競っていて、一番に描いた人が余裕があったので「足」まで描いて負けたという話から「無用のもの」という意味ですが、つまり、この「足」はそのまま「足」ですね。ウ「足跡」もそのまま「足」の跡、エ「足下」は、「あしもと」なら「足」ですね。「そっか」と読むと「あなた」＝二人称の意味もありますが、ここではやはり設問文の「足ル」からアだとわかります。

問6は、同じ意味のものをすべて選ぶ問題なので、「仲間はずれ」は使えませんね。

選択肢を全部きちんと確認しなければいけませんね。「悪」は、❶「悪い」（「悪人」など）、❷「憎む・嫌う」（「憎悪」など）などの意味が大事です。音読みで判断でき、「アク」＝「悪い」、「オ」＝「憎む・嫌う」の意味になりますよ。

音読みでわかるのは便利ですね！　ア「醜悪（しゅうあく）」、ウ「罪悪（ざいあく）」、オ「善悪（ぜんあく）」が❶、イ「嫌悪（けんお）」、エ「好悪（こうお）」が❷ですね。これも設問文に送り仮名があって「**悪ム**」＝「にくむ」でしょ。だからイとエが正解ですね。これは自信をもってできました！

では、問7。これは、選択肢が熟語ではありません。純粋に本文中の「是」の漢字の意味を考える問題です。「是」には、❶「コレ」「コノ」などの**指示語**、❷「正しく直す」（「是正」など）、❸「正しい」（「是非」など）や、エの「あらゆる」などの意味もあります。以上を踏まえて設問文をしっかり見ましょう。

後ろに「非」があります！　「是非」は「正しいことと正しくないこと」で、設問文も「是に近いけど非」＝「正しいようで間違っている」ですよね。だから、オにしました。

そのとおり。「是非」に気づくと解ける問題です！

例題 設問の解答

問1 イ
問2 エ
問3 イ
問4 エ
問5 ア
問6 イ・エ
問7 オ

例題【書き下し文】・（現代語訳）

問3【亦《ま》た陛下《へいか》の目《め》に親《した》しく見《み》る所《ところ》なり。】（また陛下もご自身の目でご覧になった事実である。）

問4【忠《ちゅう》は君《くん》を暴《あば》かず、……】（忠者〔真心をこめて国や君主に尽くす者〕は君主（の悪いところ）を暴露せず、……）

問5【其《そ》の言徴《げんちょう》するに足《た》る者甚《ものはなは》だ多《おお》し。】（その言葉を引用するのに十分価値があるものがとても多い。）

問6【人《ひと》の之《これ》を聞《き》くを悪《にく》むは、可《か》なり。】（人がこれを聞くのを嫌うのは、よいのである。）

問7【此《こ》の言是《げんぜ》に近《ちか》くして非《ひ》なるは、……】（この発言が正しいようで間違っているのは、……）

2
時間目

傍線部解釈問題の攻略法

♪イントロ♪♪

傍線部解釈の問題は古文同様、私立大・国公立大問わず頻出です。

古文の解釈問題では、傍線部内の「**重要単語**」や「**重要文法**」がとっても大事でしたよね。だから、漢文も同じように、「第1部　基本編」で学習した「**語順**」や「**句法**」が大事なのかなぁって、なんとなくわかります。

そのとおりです。あとは、**傍線部だけで解けない場合は注釈やリード文が解答の根拠**になっていたり、もちろん**傍線部の前後が特に大事**だったり、これらも古文と同じですね。

それでは、さっそくですが実際に**例題**を解いていきましょう。

例題1

問　次の文章は、永州に住む鼠を愛する某氏が、多くの鼠が自分の部屋や食べ物を荒らしても好き放題にさせていた話の続きである。傍線部の解釈として最も適切なものをあとの中から選べ。

数歳ニシテ、某氏徙《うつ》リテ居《を》ル二他州ニ一。後人来タリテ居ルニ、鼠為態如故。

（柳宗元『永某氏之鼠』）

ア　鼠の態度には何か理由があるように見えた。
イ　鼠は以前と同じようにふるまった。
ウ　鼠の態度はわざとらしく見えた。
エ　鼠は新しい住人に対し友人のように接した。
オ　鼠のふるまいが以前よりおとなしくなった。

（法政大）

例題1 設問の解説

直前の大筋は「某氏が引っ越して、あとにそこに人がやってきた」ですね。傍線部中に「鼠」と「態」があるから、「新しい人が来て、鼠の態度が……きっとおとなしくなったのかな」とオにしました。

直前の大筋はOKです。そして、おそらくリード文も読んだのでしょう。でも、「おとなしくなった」というのは、傍線部とは関係がない自分の考え、予測ですよね。自分の考えで勝手に判断してはいけません。

やっぱりそうですよね……。だから、いつも読めたつもりでも間違えるんですね……。

では、気を取り直して、再度傍線部をきちんと見てみると、重要語句の「**如故**」があるのです。

「如故」……なんでしたっけ？「第1部」にあったかな……。

ごめんなさい、じつは「第1部」では触れていません。だからこそ、ここで念のために挙げました。「**如故・若故**」は「故《もと》のごとし」と読み、「もとのままだ」の意味です。意味も、「**故**」の読み＝「もと」も問われます。

ということは、おとなしくなったのではなく、「もとのまま変わらなかった」のですね。

そのとおり。よって、正解はイです。これは、重要語句「**如故**」の意味で解く問題です。また、「**為**」はここでは「たル」と読みますが、これは**断定**の助動詞「**たり**」（～である）の**連体形**です。

例題1 設問の解答

イ

例題1 書き下し文・現代語訳

書き下し文

数歳《すうさい》にして、某氏《ぼうし》徙《うつ》りて他州《たしゅう》に居《を》る。後人《のちひと》来《き》たりて居《を》るに、鼠《ねずみ》の態《たい》たるや故《もと》のごとし。

現代語訳

数年経過して、某氏は引っ越して他州に住む。のちに（別の）人が来て（某氏の住んでいた家に）住んだが、鼠は以前と同じようにふるまった。

例題2

次の文章を読んで、後の問に答えよ。なお、設問の関係上、返り点・送り仮名を省いたところがある。

沙門達《だっ》多《た》発ㇾ塚ヲ取ㇾ甎《せん》リヲ、得二[1]一人一ヲ以テ進ム。時ニ太后与二明帝一在リテ二華林都堂一ニ、以テ為二シ妖異一ト、謂ヒテ二黄門侍郎ノ徐《じょ》紇《こつ》一ニ曰ハク、「上古以来、頗ル有ルヤ二此ノ事一否ヤト」。紇曰ハク、「昔魏ノ時発ㇾ塚ヲ、得タリ二霍《かく》光《こう》ノ女婿《せい》范《はん》明《めい》友《ゆう》ガ家奴一ヲ。説キ二漢朝ノ廃立一ヲ、[2]与史書相符。此不ㇾル足ㇾラ為ㇾスニ異ト也ト」。

（楊衒之『洛陽伽藍記』）

〈注〉
*沙門……僧侶。　*甎……墓に用いられたレンガ。　*太后……北魏の宣武帝の妃で、孝明帝の母。
*明帝……北魏の孝明帝。　*華林都堂……洛陽の華林園内にあった役所。　*黄門侍郎……官職名。
*頗……文末の「否」と呼応して疑問の意を表す。　*魏……三国時代の魏。　*霍光……前漢の将軍。

問1　傍線部1「一人」に該当するものとして、もっとも適切なものを次の中から一つ選べ。

ア　死者　　イ　家奴　　ウ　秀携　　エ　女婿
オ　沙門　　カ　徐紇　　キ　崔暢

問2　傍線部2「与史書相符」の意味として、もっとも適切なものを次の中から一つ選べ。

ア　歴史書に記されている内容とぴったり一致した。
イ　木簡など歴史的な文献に書いてある内容より詳しかった。
ウ　歴史書や木簡と密接に関係していた。
エ　歴史書の内容と似たりよったりであった。

（上智大）

例題2　設問の解説

では、問1から考えましょう。「**傍線部の前後**」と「**注釈**」をきちんとチェックできていれば、解けたはずですよ。

冒頭から注釈も踏まえて見ていくと、僧の達多《だった》が「塚を発」がよくわからなかったけれど、次の「甎《せん》」の注釈「墓に用いられたレンガ」から、「塚」＝「お墓」だと思いあたりました。そのレンガを取った↓「墓を発」＝お墓を発掘かな、と考えました。そして、「一人を得た」なので、お墓にあるもの＝「死体」ですよね。「死体」と同意のア「死者」をあてはめて次の文を確認すると、明帝とその母が「以て妖異と為す」＝「妖異と思う」とあり、文脈もおかしくないのでアにしました。

正解です。前後の流れもそのとおり！　ポイント箇所がしっかりとれていますね。わからない言葉もひとまず保留にして、**後ろの注釈からヒントを得ることも大事**です。句法もきちんと見

抜けましたね。
それでは引き続き、問2も考えましょう。さっきの続きから、また大筋がとれますか？

怪異だと思った二人が、徐紇に「上古以来、こんなことがあったかどうか」と聞いたら、徐紇が昔の三国時代の魏の話をするんですよね。

そのとおり。ここで二点確認しておきます。一つ目は「紇曰《ハク》」の「紇」を、サラッと「徐紇が」と解釈できていましたが、じつはこれ、とっても大事です。**漢文のなかで出てきた人物名はいつもフルネームで出てくるわけではなく、二回目からはこのように一字だけを使用して表す場合があります。**よって、人物名が出てきたら読めなくてもよいので、その漢字を意識してください。たとえば、注釈で本名が書いてあり、本名の一字だけ使って出てくる場合もあります。とにかく「**名前の漢字に気をつける！**」です。一字で出てきても、その人物だとわかるように意識してください。もう一つは、「有るや否や」の確認です。「あるやいなや」の読みが大事で、「あるかないか」の意味です。では、その続きに戻りましょう。

魏の時代の「塚を発」、つまり、同様にお墓を発掘した話ですね。「霍光《かくこう》の女婿の范明友《はんめいゆう》という人の家奴《かど》を得た」の「家奴」は「家の奴隷」⬇「召使い」だと考えました。
そして、「お墓を発掘して得た」ということは、冒頭の「得る」と一緒で、その召使いはもう死んでいて「死者として得た」ということですよね。

完璧！　続きが「漢朝の廃立を説明して、傍線部～」ですね。「漢朝」は「漢王朝」です。「廃立」はわかりますか？

う～ん、「廃《すた》れる＋立つ」だから、ダメになって復活して……みたいな感じですか？

正しくは「臣下が君主を廃して、他の人を君主として立てること」ですが、「ダメになって復活」でも十分文脈はとれますよ。漢王朝がダメになって復活した話、つまり漢王朝の歴史を説明したことはわかりますよね？　まずは、それでよいのです。そして、傍線部。選択肢も利用すると、「史書」が一つのカタマリで「歴史書」のような意味ですね。では、「与史書」の「与」は何と読みますか？

「与」の読みは「と」から考えるとよさそうなので、「歴史書と」だと思います。そして、「相符」は選択肢を利用すると、「ぴったり」「詳しい」「密接に関係」「似たりよったり」のどれかですよね。よくわからなかったので、ひとまず続きを見ました。「異と為す」の「異」は、ここでは「妖異《ようい》」（＝怪異）で、それが「足らざるなり」⬇「怪異ではない」ってこと。さっきの二人からの質問の答えとして、「別に怪異でもなく、昔もありましたよ」ってことですよね。つまり、お墓から出てきた「家奴」が「死者」であることの証明なんだろうけれど、どれでもいいような気がして迷いました……。

あと、もう一歩。では、一緒に考えましょう。「相V」の「相」の意味は、❶「お互いに」、❷「自分が」、❸それらがおかしければ「**無視してOK**」です。よって、ここでは保留にしておいて、「符」の意味を考えましょう。「符」だけではよくわからなくても、「第2部」【1時間目】に「**二字熟語」にして考えてみる**、と学びましたね。それを使って考えましょう。

「符」を使った二字熟語……「符号」（＝記号）くらいしか思い浮かばない……。

惜しい。同じ音の「符合」がわかれば解ける問題です。「符合」とは「ぴったり合う」ことです。この「符」は「割り符」のことで、「二つの片を合わせて証明する札」のことです。それ

がピタッと合ったように一致することを「符合」といいます。

ということは……アですね？

そうです。
ちなみに、文脈から考えると、「霍光」の注釈に「前漢の将軍」とあります。つまり、その召使いも前漢の時代に生きていた人です。そして、死者となった召使いが発掘されたのは、「三国時代の魏の時代」です。発掘されて、漢王朝の歴史を説明したのは、もちろんこの召使い。そして、この召使いが語った内容と歴史書の内容がどうだから漢の時代（魏よりも前）に生きていた人間（＝死者）と証明できたのか、ということなので、「歴史書とぴったりだった」がやっぱりよいですよね。

イ 歴史書より「詳しく」ても、それが正確な情報なのかどうかはわかるわけでもないので、証明としては意味がないのです。昔の時代の人間である証明とするなら、ウ「密接に関係」やエ「似たりよったり」よりも、ア「ぴったり一致」のほうが、より強いですよね。「符合」がわかれば、それで解いたほうが確実で速いのですが、注釈に気をつけたうえで文脈判断でも解けますよ。

例題2 設問の解答

問1 ア　問2 ア

例題2 書き下し文・現代語訳

書き下し文

沙門《しゃもん》達多《だつた》塚《つか》を発《あば》き甎《せん》を取《と》り、一人《いちにん》を得《え》以《もっ》て進《すす》む。時《とき》に太后《たいこう》明帝《めいてい》と華林都堂《かりんとどう》に在《あ》りて、以《もっ》て妖異《ようい》と為《な》し、黄門侍郎《こうもんじろう》の徐紇《じょこつ》に謂《い》ひて曰《い》はく、「上古《じょうこ》以来《いらい》、頗《すこぶ》る此《こ》の事《こと》有《あ》るや否《いな》や」と。紇《こつ》曰《い》はく、「昔《むかし》魏《ぎ》の時《とき》塚《つか》を発《あば》き、霍光《かくこう》の女婿《じょせい》范明友《はんめいゆう》が家奴《かど》を得《え》たり。漢朝《かんちょう》の廃立《はいりつ》を説《と》き、史書《ししょ》と相符《あひふ》す。此《これ》異《い》と為《な》すに足《た》らざるなり」と。

現代語訳

僧侶の達多が墓を発掘し、墓に用いられたレンガを取り除き、一人〔＝（生き返った）死者〕を得て、（朝廷に）差し出した。そのときに、太后〔＝北魏の后で、孝明帝の母〕と（息子の）孝明帝が洛陽の華林園内にあった役所にいて、（死者が生き返ったことを）怪異だと思い、黄門侍郎である徐紇に言うことには、「上古〔＝大昔〕以来、こんなことはあるのかないのか」と。徐紇が言うには、「昔、三国時代の魏の時代のときに墓を発掘し、霍光〔＝前漢の将軍〕の女婿である范明友の召使いを（生き返った死者として）得た。（その召使いが）漢王朝の廃立を説明し、歴史書に記されている内容とぴったり一致した。（よって）このこと〔＝生き返った死者を得たこと〕は（昔にもあることなので）怪異と考えなくてよいのである」と。

3時間目 理由・内容説明問題の攻略法

♪イントロ♪

理由説明や**内容説明**も頻出です。それらの問題の場合は、まず傍線部自体が訳せないといけません。そこが訳せていないのに、その理由や内容なんてわかるわけがないですよね。

たしかに……。では、その傍線部自体をきちんと訳して、次にどうするんですか？

じつは、これも古文と同じです。

ということは、傍線部の前後が特に重要なんですね？

そのとおり。もちろん、ちょっと離れている場合もありますが、やっぱり**傍線部の前後に解答の根拠がある場合が多い**のです。特に、重要句法や単語がある部分が大事なのも古文と同じです。

それでは、さっそく例題を解いていきましょう。

例題1

問　次の傍線部「因愛鼠」とあるが、「某氏」が鼠を愛した理由として最も適切なものを後の中から選べ。

＊永《えい》ニ有リ二某氏ナル者一。＊畏レレ日ヲ拘《かか》ハルコトレ忌《いみ》ニ異《こと》ニ甚ダシ。以為《おも》ヘラク、己ノ生マレシ歳ハ直《あた》リレ子ニ、鼠ハ子ノ神也ト。因リテ愛シレ鼠ヲ、不レ畜《やしな》ハ二猫犬ヲ一、禁ジテ僮《しもべ》ニ勿《な》カラシムレ撃ツコトレ鼠ヲ。

（柳宗元／『永某氏之鼠』）

〈注〉　＊永……唐代の州名。　＊畏日拘忌……日の良し悪しを気にして物忌みにこだわる。

ア　子宝に恵まれた年の干支がちょうど鼠だったから。
イ　鼠は子だくさんなので縁起が良いと考えたから。
ウ　自分が生まれた年に家の鼠もちょうど子を生んだから。
エ　鼠は夭折した自分の子の生まれ変わりと思いこんでいたから。
オ　自分が生まれた年が子年だったから。

（法政大）

例題1 設問の解説

気づいたとは思いますが、この入試問題は「第2部」の【2時間目】で実施した例題と同じで、その冒頭部分です。理由説明問題なので、まずは傍線部自体を訳す必要がありますが、設問に「(「某氏」が)鼠を愛した理由」と書いてあります。このように、設問で訳してある場合はラッキーですね。ここでも、傍線部の前か後ろに根拠があるはずです。当たり前ですが、傍線部まで読んだときに、すでに答えがわかったなら「前」に書いてあったということ、傍線部まで読んだのに「?」と思ったならば、「後ろ」に解答の根拠があると考え、気合いを入れてさらに読み進めていけばOKです。

出だしから注釈も利用しながら大筋を確認していくと、永州に某氏さんがいて、物忌みにこだわる人だったんですね。「以為《ヘラク》」だから、「以下の内容を思った・考えた」ってことで、続きを読むと「自分の生まれた年が『子』にあたり、鼠は『子』の神だ」と考えたことがわかります。その続きが傍線部=「だから、鼠を愛した」なので、この「子」は「子ども」や「あなた」の意味ではなく、もちろん干支《えと》の「子《ね》」ですね。正解はオです。

そのとおり。これは絶対にできてほしい問題です。その解答の根拠になる前の部分、「第1部」の【18時間目】で「以為《ヘラク》」の例で取り上げましたから……。

やっぱり! どこかで見たことあるなぁって思いました。それはそうと、たしかに傍線部の直前が根拠ですね。

実際の入試問題そのままですよ。**傍線部の前後は特に大事なんです。**みなさんもできましたか?

例題1 設問の解答

オ

例題1 書き下し文・現代語訳

書き下し文

永《えい》に某氏《ぼうし》なる者《もの》有《あ》り。日《ひ》を畏《おそ》れ忌《いみ》に拘《かか》はること異《こと》に甚《はなは》だし。以為《おも》へらく、己《おのれ》の生《う》まれし歳《とし》は子《ね》に直《あた》り、鼠《ねずみ》は子《ね》の神《かみ》なりと。因《よ》りて鼠《ねずみ》を愛《あい》し、猫犬《びょうけん》を畜《やしな》はず、僮《しもべ》に禁《きん》じて鼠《ねずみ》を撃《う》つこと勿《な》からしむ。

現代語訳

永州に某氏という者がいた。日の良し悪しを気にして物忌みにこだわることがとてつもなかった。思ったことには、「自分の生まれた年が子《ね》の年で、鼠は子《ね》の神である」と。よって、鼠を愛し、猫や犬を飼わず、召使いに禁じて鼠を撃つ〔＝殺す〕ことをさせなかった。

例題 2

次の文章の筆者は、愛好するものがたくさんあり、特にその中でも書物が一番好きであった。そのことを述べた最後のまとめの部分である。これを読んで、後の問に答えよ。なお、設問の関係上、返り点・送り仮名を省いたところがある。

「昔曾《そう》晳《せき》嗜《この》ムモ㆓羊《よう》棗《そう》㆒ヲ、非ザル㆑不ルニ㆑嗜マ㆓膾《かい》炙《しゃ》㆒ヲ也。然[1]謂之嗜膾炙、曾晳所不受也。何ゾ也。衆人所ナレバ㆑同ジクスル也。余之他好ハ衆ニ同ジク、而モ好書ハ従ヘバ㆑独ニ、則チ以テ㆑所ヲ㆑好ム帰スル㆑書ニ也、[2]固ニ宜ナルカナ」。

（袁枚『所好軒記』）

〈注〉＊曾晳……孔子の弟子。　＊羊棗……なつめ。　＊膾炙……なますとあぶり肉。誰もが好きなごちそう。

問1　傍線部1「謂之嗜膾炙、曾晳所不受也」はどのような意味か。次の中からもっとも適切なものを一つ選べ。

a　曾晳はなますやあぶり肉は大嫌いで、昔からなつめが好物だ。
b　曾晳はなますやあぶり肉も食べるよう言い聞かされても、承知しないだろう。
c　曾晳はなますやあぶり肉が嫌いなふりをしているだけで、本当は大の好物だ。
d　曾晳はなますやあぶり肉が嫌いではないのだが、好きだとは決して言わないだろう。

問2　傍線部2「固宜」とする理由は何か。次の中からもっとも適切なものを一つ選べ。

a　蔵書の趣味だけは、他人の嗜好《しこう》に流されず、自分の心からの楽しみであるから。
b　蔵書の趣味は年齢や状況とは無関係に、常に変わらず楽しめるから。
c　蔵書の趣味は、厳格な教育を受けるのと同様な精神的成長をもたらすから。
d　蔵書の趣味によって、隠遁生活の孤独を慰めることができるから。

（上智大）

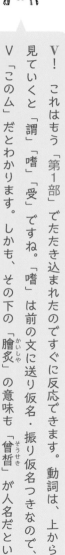

例題2　設問の解説

では、問1から考えましょう。どのような意味かを問う解釈問題ですが、問2の理由説明とあわせて取り上げました。

さて、傍線部1は本文中でも白文ですね。何から探しますか？

V！　これはもう「第1部」でたたき込まれたのですぐに反応できます。動詞は、上から見ていくと「謂」「嗜」「受」ですね。「嗜」は前の文に送り仮名・振り仮名つきなので、V「このム」だとわかります。しかも、その下の「膾炙《かいしゃ》」の意味も「曾晳《そうせき》」が人名だということも前の文と注釈からわかります。

きちんとポイントがつかめていますね！　ちなみに、「謂」は「言う」の意味ですよ。「ごんべん」なのでわかりやすいですね。入試で読み方がきかれたこともあり、終止形は「謂《い》ふ」です。

では、傍線部の前半ですが、選択肢も利用すると「なますやあぶり肉」が好きか嫌いか、嫌いなふりをしているのか、食べるように言い聞かされるのか、どれになりますか？

「謂之嗜膾炙」は、「嗜」＝「このム」で、否定の文字がないことから、a「大嫌い」・c「嫌いなふりをしている」はおかしいです。「なますやあぶり肉を好む」と同意なのは、b「食べるように言い聞かされ」るではなく、d「嫌いではない」ですよね。

そうです。後半もいちおう確認しておきましょう。

曾晳は「受けない」と書かれています。「好む」ことを「受けない」⬇「好きだということを受け入れない」のような意味だと予測できますね。それを踏まえて選択肢を見ると、「嫌いではないけれど、好きとは言わない」＝受け入れていませんね。よって、やはりdが正解です。

それでは、引き続き問2も見ていきましょう。理由説明の問題なので、まずは傍線部自体の解釈からですね。

「固ニ」＝「まことニ」ですが、これはわからなくてもかまいません。

大事なのはその下。この「宜」の意味は何ですか？

送り仮名があるので、**再読文字ではなく**「むべなり」ですね。「むべなるかな」＝「もっともだなあ・当然だなあ」です。

そのとおり！ その肝心な理由は傍線部の前後に書いてあることが多いのですが、この場合は傍線部で終わりなので、「前」に注目ですね。では、先ほどの続きから見ていきましょう。

「**何也**」は「なんぞや」で、**疑問**を表して「どうしてか」の意味でしたね。どうして「曾晳は好きなことを受け入れないのか」ということですね。その答えが「衆人同じくする所なればなり」です。「〜なればなり」＝「〜だからである」なので、ここがその受け入れない理由だとわかります。ちなみに、なぜですか？

「**衆人**」＝「多くの人」で、大筋は、「多くの人と同じになってしまうから（受け入れない）」⬇「他の人と一緒はイヤ」ってことですね。

そう。それでは、大事な次の文に行きましょう。大筋がとれますか？

「自分の他の好きなことは多くに同じ」だから、「書物以外の好みはみんなと一緒」ってことですね。そして、「而《モ》」＝**逆接**です。つまり、「書物が好きなのはみんなとちがう」のような内容がくるはずと予測できました。それも踏まえて続きを見ていくと、「好書は独に従う」とあり、この「独」＝「独自」で、「書物が好きなのは自分に従った」＝「周りの意見は関係なく自分が好き」なんですよね。書物とそれ以外の好きなこととの対比で、答えはaにしました。

バッチリです！　やはり、**特に直前の一文が大事**でしたね。今まで学習してきたこともたくさん使用していますね。

そして、**一字一句きれいに完璧に訳せなくてもよい**のです。ちょっとわからない漢字があったとしても全部を訳すことに必死にならずに大筋だけでもとっていくと、意外にスラスラ問題が解けます。もちろん、わからないと解けない場合もありますが、それでも、**入試においては「全文訳を完璧に」なんて求められていません。大事なところをきちんとつかめる**ようになりましょう！

例題2 設問の解答

問1　d　問2　a

例題2 書き下し文・現代語訳

書き下し文

「昔《むかし》曾晳《そうせき》羊棗《ようそう》を嗜《この》むも、膾炙《かいしゃ》を嗜《この》まざるに非《あら》ざるなり。然《しか》るに之《これ》を膾炙《かいしゃ》を嗜《この》むと謂《い》はば、曾晳《そうせき》の受《う》けざる所《ところ》なり。何《なん》ぞや。衆人《しゅうじん》同《おな》じくする所《ところ》なればなり。余《よ》の他好《たこう》は衆《しゅう》に同《おな》じく、而《しか》も好書《かうしょ》は独《ひとり》に従《したが》へば、則《すなは》ち好《この》む所《ところ》を以《もっ》て書《しょ》に帰《き》するや、固《まこと》に宜《むべ》なるかな」

現代語訳

「昔、曾晳〔＝孔子の弟子〕がなつめが好きだったが、なますとあぶり肉のような誰もが好きなごちそうを好きではないのではなかった。しかし（曾晳は）なますやあぶり肉が嫌いではないのだが、好きだとは決して言わないだろう。どうしてか。多くの人が同じだからである。私は（書物以外の）他の好きなことは多くの人と同じだが、しかし書物が好きなことは自分自身に従っている〔＝自分の心からの楽しみである〕ので、好きなことが書物になるのは、本当にもっともだろうなあ」。

4 時間目

指示語は指示内容を明確に！

♪イントロ♪

これも古文とまったく同じですね！ 古文でも、「**指示語**」があれば「**指示内容**」を意識することが大事でしたよね。

そうです。ですが、漢文は古文よりもっとカンタン！ **指示語がわかりやすい**ですから。古文は、古文特有の「**かく・さ・しか**」などがわかっていないとアウトですが、漢文は「**其**《そ》ノ」「**是**《こ》レ」「**之**《これ》」「**此**《これ》」などで、わざわざ指示語と覚えなくても、読めたらわかりますよね。

ただし、「**然**《しか》リ」は覚えておきましょう。単純に「**読み**」**で出題されることもあります**よ。古文「しかり」（＝しか＋あり）の漢字バージョンです。「**然ら**」や「**然れ**」などのように、もちろん活用します。

指示語とわかれば、あとは古文と同じで、問題になっていなくても「指示内容」を意識して読み進めていきましょう。

「**指示内容**」も古文と同じく「**前が多い**」のですか？

そうですね。もちろん、「これを聞いた。……と。」みたいに、後ろの「……」が指示内容という場合もありますが、別に難しくないので心配しなくてもわかると思います。とりあえず、「ここだ」と思った指示内容をあてはめて、本文を読み進めて矛盾がなければOKです。万一、「？？」となっ

てしまったら指示内容を間違えているので、再考しましょう。
それでは、**例題**にチャレンジしましょう。

例題 1

問　戦国時代末期のこと、趙《ちょう》の国は西方の大国・秦に大敗を喫した上、国内六城の割譲を要求される。趙王は対応を決しかね、楼子《ろうし》なる人物に意見を求めたところ、秦の要求を受け入れることを勧められるが、虞卿《ぐけい》は、秦に敵対する斉に賄賂として六城を与え、ともに秦と戦うことを提案し、さらに次のように発言した。傍線部が指す具体的内容として最もふさわしいものを、あとの中から一つ選べ。

従《よ》リレ秦為サバレ媾《こう》ヲ、韓・魏聞キテレ<u>之</u>ヲ必ズ尽ク重ンゼンレ王ヲ。

〈注〉＊媾……講和。また、講和する。　＊韓・魏……ともに国の名。

ア　趙が秦に六城を割譲したこと
イ　趙が斉に六城を割譲するという情報
ウ　趙から秦に講和を申し入れたこと
エ　秦から趙に講和を申し入れたこと
オ　趙が秦の重賂を受け取らなかったこと

（國學院大）

例題1 設問の解説

「之」＝指示語で、指示内容は前が大事です。これを踏まえて、韓と魏の国が聞いた具体的内容を考えましょう。

直前は「秦より媾を為さば」で、注釈も使うと「秦から講和することをするならば」が直訳です。そして、これが聞いた内容だと考えられるので、選択肢で該当するものを探すとエのみです。

そのとおり。念のためにあてはめて確認してみると、「大国の秦から趙に講和を申し入れたと韓や魏の国が聞くと、韓や魏の国は趙王を重んじる」となり、おかしくありませんね。

例題1 設問の解答

エ

例題1 書き下し文・現代語訳

書き下し文

秦《しん》より媾《こう》を為《な》さば、韓《かん》・魏《ぎ》之《これ》を聞《き》きて必《かなら》ず尽《ことごと》く王《おう》を重《おも》んぜん。

現代語訳

秦から（趙に）講和を申し入れるならば、韓・魏の国はこれ（＝秦が趙に講和を申し入れたこと）を聞いて、必ず（趙）王を重んじるようになる。

例題2

問　次の文章は柳下季《りゅうかき》と孔子の会話から、柳下季のことばの一部を抜き出したものである（〈注〉：入試問題そのままです）。傍線部「其」が指すものとして最も適切なものをあとの中から一つ選べ。なお、送り仮名を省略した箇所がある。

柳下季曰ク、「先生言フ、『為ル二人ノ父一者ハ、必ズ能ク詔ゲ二其子一ニ、為ル二人ノ兄一者ハ、必ズ能ク教フト二其弟一ニ。』若シ子不レ聴カ二父之詔一ヲ、弟不ンバレ受ケ二兄之教一ヲ、雖モ二今先生之弁一ト、将タ奈レ之ヲ何セン哉。且ツ跖（注）之為リレ人ト也、心ハ如ク二湧泉ノ一、意ハ如シ二飄風ノ一。強ハ足リ二以テ拒グニ一レ敵ヲ、弁ハ足ル二以テ飾ルニ一レ非ヲ。順ヘバ二其ノ心ニ一則チ喜ビ、逆ヘバ二其ノ心ニ一則チ怒リ、易シ二辱シムルニ一レ人ヲ以テシレ言ヲ。先生必ズ無カレトレ往クコト。」

（『荘子』）

〈注〉＊跖……盗跖のこと。柳下季の弟。

ア　柳下季　イ　先生　ウ　跖　エ　父

（早稲田大）

例題2 設問の解説

「其の心」＝指示語なので、特に前が大事ですよね。選択肢から「誰か」の心だということはわかります。

直前の一文は「強ハ足リ二以テ拒グニレ敵ヲ、弁ハ足ル二以テ飾ルニレ非ヲ。」ですが、特に「誰」ということが書かれていません……。ちなみに、「以拒」や「以飾」の「以」は、Vの上にポツンとある「以」＝無視してOKですよね。「拒グ」が読めなかったのですが、「敵を拒」⬇「拒否・拒《こば》む」かな、と推測しました。

「拒」を使った二字熟語を考えて類推したのは素晴らしいことですね。ちなみに「拒グ」は「ふせぐ」と読みますが、別に「拒む」でも大筋は同じですよね。このように、**二字熟語にして考える方法はけっこう使える**んですよ。

せっかくなので、その文の直訳はどうなりますか？

「強は敵を拒むのに足り、弁は非を飾るのに足りる」で、大筋は「強さは敵を拒むのに十分、弁は非を飾るのに十分」だと考えました。後半がこのままでは難しいけれど、ここからは答えは導けないことだけはわかるので、さらにその前をちゃんと見ればよいかナ、とあまり深く考えませんでした。

そうですね。本番でも、解答の根拠がないこの文でずっと立ち止まるのは、時間がもったいないのです。

ちなみに、「**弁**」は「非（＝間違い）を飾れる」から「弁舌」という二字熟語を推測できるとよいですね。

「弁舌は間違いを飾る〔＝とりつくろう〕のに十分」ということです。

では、さらに前の一文を確認しましょう。

「且ッ跖之為リレ人ト也、〜」とあるので、「跖《せき》の性格」の話ですね。「為レ人」は重要単語、「人《ひと》と為《な》り」で「性格・人格」でしたよね！　続きにある「如」は、返り点や送り仮名から「ごとし」と読む**比況**《ひきょう》の助動詞だとわかるので、「心は泉のようで、意志はつむじ風のようだ」ですね。その続きの「強さ」や「弁舌」も、跖の「人と為り」の話だと考えておかしくないので、「其の心」も「跖」の心ですね。

そういうことです。今はあえて傍線部から戻って見ましたが、本番は前から文章をもちろん読んでいるわけですから、「為レ人」がわかれば、素直にウ「跖」だとカンタンにわかるはずです。

重要単語と指示語のサービス問題ですね。

さて、問題は解けましたが、せっかくなので大事なところをチェックしながら、全体の大筋をとっておきましょう。

「**能**《よ》ク」＝「できる」だから、「父親は子に教えることができ、兄は弟に教えることができる」ですね。

次は、**文頭で返り点がない**「**若**」＝「もシ」と読む**仮定**でしたね。「もし、子が父の教えを聴かず、弟が兄の教えを受けずんば」なので、否定の「仮定」条件で考えて「受けないならば」です。「**雖**モ」＝**逆接**で、仮定か確定かは文脈判断ですが、今、「〜ならば」と「仮定」の話をしているので、仮定条件で「たとえ先生の弁舌だとしても」です。

次の「将た之を奈何せんや」は「第1部」で見たことあるような……。

よく覚えていましたね。「第1部」の【11時間目】の例題で取り上げました。よって、ここも設問になっていた箇所ですよ。「少しも役に立たない」という意味になりましたね。そして、ここからは盗跖《とうせき》の性格の話が続きます。

ちなみに、傍線部がある文は、「則」（➡「第1部」の【17時間目】）や「〜以テス」（➡「第1部」の【18時間目】）の例として採用したものです。そして、最後の結論が「先生、絶対行くな」ということですね。きちんと通した訳は、後ろの現代語訳を参照してください。

例題2 設問の解答

ウ

例題2 書き下し文・現代語訳

書き下し文

柳下季曰《りうかきいは》く、「先生言《せんせいい》ふ、『人《ひと》の父《ちち》たる者《もの》は、必《かなら》ず能《よ》く其《そ》の子《こ》に詔《つ》げ、人《ひと》の兄《あに》たる者《もの》は、必《かなら》ず能《よ》く其《そ》の弟《おとうと》に教《おし》ふ』と。若《も》し子《こ》父《ちち》の詔《つげ》を聴《き》かず、弟兄《おとうとあに》の教《おしえ》を受《う》けずんば、今先生《いませんせい》の弁《べん》と雖《いへど》も、将《は》た之《これ》を奈何《いかん》せんや。且《か》つ跖《せき》の人《ひと》と為《な》りや、心《こころ》は湧泉《ゆうせん》のごとく、意《い》は飄風《へうふう》のごとし。強《きやう》は以《もつ》て敵《てき》を拒《ふせ》ぐに足《た》り、弁《べん》は以《もつ》て非《ひ》を飾《かざ》るに足《た》る。其《そ》の心《こころ》に順《したが》へば則《すなは》ち喜《よろこ》び、其《そ》の心《こころ》に逆《さから》へば則《すなは》ち怒《いか》り、人《ひと》を辱《はづか》しむるに言《げん》を以《もつ》てし易《やす》し。先生必《せんせいかなら》ず往《ゆ》くこと無《な》かれ」と。

現代語訳

柳下季が言うことには、「先生〔＝孔子〕が言うには、『人の父親である者は、必ずその子に教えることができ、人の兄である者は、必ずその弟に教えることができる』と。もし、子どもが父親の教えを聴かず、弟が兄の教えを受けないならば、かりに先生の弁舌だとしても、いったいこれをどうしようか、いや、どうしようもない〔＝少しも役に立たない〕。そのうえ、盗跖〔＝柳下季（自分）の弟〕の性格は、心は泉が湧くよう（に豊か）で、意志はつむじ風のよう（に強いの）だ。（盗跖の）強さ〔＝腕力〕は敵を防ぐのに十分で、弁舌は（自分の）間違いをとりつくろうのに十分だ。（盗跖は）その〔＝盗跖の〕心どおりなら喜び、その〔＝盗跖の〕心にちがえば怒り、人を辱めるのに簡単に言葉でする〔＝言葉で簡単に人を辱める〕。先生、絶対に（弟のところには）行ってはいけない」と。

例題 3

次の文章を読んで、あとの問に答えよ。なお、設問の都合上、返り点・送り仮名を省いた箇所がある。

*東安ノ一士人善クシレ画ヲ、作リ二鼠ノ一軸一ヲ、献ズ二之ヲ*邑令一ニ。令初メ不レ知ラレ愛シムヲ、謾《みだり》ニ懸ク二於壁一ニ。旦《あした》ニシテ而過グレバレ之ヲ、軸必ズ墜ツレ地ニ。屢懸クレドモ屢墜チ、令怪シムレ之ヲ。黎明ニ物色スレバ、軸在リテレ地ニ而猫蹲《うづくま》ル二其ノ旁一ニ。逮《およ》ベバレ挙グルニレ軸ヲ、則チ*踉《りよう》蹡《しよう》シテ逐《を》フレ之ヲ。以テ試ミルニ二群猫一ニ、莫不然者。

（曽敏行『独醒雑志』）

〈注〉
*東安……地名。今の湖南省東安県。
*邑令……村長。
*踉蹡……飛びかかること。

4時間目 指示語は指示内容を明確に！

問　傍線部「莫不然者」の意味として最も適切なものを次の中から一つ選べ。

ア　全ての猫がその絵に向かって飛びかかろうとした。

イ　猫がその絵に飛びかかるのは全く当然のことである。

ウ　全ての猫がぼんやり見とれて少しも反応しなかった。

エ　その絵を見た誰もが皆、猫が飛びかかるはずだと思った。

オ　全ての猫がその絵に飛びかかろうとしたわけではなかった。

（早稲田大）

例題3　設問の解説

意味の問題なので、まずは傍線部自体を解釈する必要があります。大事な句法に気づけましたか？

「第1部」のようで、なんだか懐かしい気分です。「**莫不**」の**二重否定**ですね。

そうなんですが、読み方はちょっと気をつけなければいけませんよ。その形の場合、通常「〜ざる（は）莫し」の読みですよね。ですが、よく見ると「**莫〜者**」となっています。これはどんな読み方が多かったですか？

「〜者莫し」ですよね。あ、では、これは「不然」が「者」にかかっていくはずなので……この「**然**」は「しかり」ですね？

そうです。「然⬇不⬇者⬇莫」の順に読みます。書き下し文はどうなりますか？

「然らざる者莫し」！　「そうしない者はない」で、意味はたしかに二重否定ですね。「皆そうした」んですね。選択肢を見ると、「皆が〜した」となっているのはアかエですね。「皆」＝アは猫、エは人間です。あと、ウは「全部の猫が〜しなかった」だからちがうとは思うけれど、「そう」の内容がわからないから、本当にきっていいのかよくわかりません……。

つまり、これは意味の問題ですが、指示内容をきちんと読み取らなければいけない問題なのです。

では、特に直前の内容をつかまなければダメですね。「たくさんの猫に試みたら」だから、「皆」は「猫」ですね。よって、エは✕ね。でも、「猫」がどうしたのかはわからないから、さらに直前を確認すると、注釈も利用して「軸を挙げたら、飛びかかってこれを追う」だとわかります。つまり、「どの猫も、みんなそうしない者はいなかった」＝「みんな飛びかかった」のね！

そのとおり！　よって、正解はアです。まずは傍線部を解釈し、指示内容と注釈に気をつければ解ける問題でした。それでは、念のため冒頭から大筋をとっていきましょう。

東安に絵が上手な人がいて、鼠の掛け軸を一つ作って村長にあげたことはわかると思います。「令初メ不レ知ラレ愛シムヲ」の「令」は、ここでは「邑令」の「令」で「村長」のこと。村長は最初愛していなかった、好きではなかった、のようなことはとれますね。ちなみに「令」を使役でとってしまったとしたら、「初め、愛を知らないことをさせる」となり、誰になのか文脈もよくわからないですよね。だから「使役ではない」と判断できます。じつは、この部分も意味の問題になっていて、選択肢の出だしが全部「村長は」で、選択肢からカンタンにわかるようになっていました。今回は、この問題はカットしましたが、**選択肢からもいろいろな情報を読みとることができる**ことも忘れないでください。

続き、やってみます。その掛け軸を好きじゃなかったから、適当に壁に掛けていたんですね。「明日にこれを過ぎたら、掛け軸が必ず地面に落ちている」ってどういうこと？　さっそくギブアップです……。

単語の訳し方がおかしいから、変になっちゃいますね。「旦《あした》」＝「朝」ですよ。ほら、「元旦」＝「元日の朝」のことです。古文単語でも「**あした**」＝「**朝**」という大事な意味がありましたね。では、再チャレンジしてみてください。

朝になって、「之」は掛け軸かな、掛け軸のところにきたら、掛け軸が必ず落ちている、みたいなことね。あ、これならわかりました。

「之」の指示内容を考えたこともエライ！　次の「屢」は「数々」と一緒です。

「数々」は「しばしば」と読んで「たびたび」の意味でしたね ➡（「第1部」の【20時間目】）。「何度掛けても、何度も落ちるから、村長はこれを不思議に思った」んですね。「これ」は、そのまま直前を指していますよね。「黎明」がよくわからなかったので飛ばして、「物色したら、掛け軸が地面にあって、その傍らに猫がうずくまっていた」のね。そして、解答の根拠となる「掛け軸を挙げたら飛びかかってこれを追いかけた」です。つまり、掛け軸が落ちていた原因は、猫ですね。

そういうことです。この鼠の絵、よっぽどリアルだったんですね。ちなみに「**黎明**《れいめい》」＝「明け方」です。

例題3 設問の解答

ア

例題3 書き下し文・現代語訳

書き下し文

東安《とうあん》の一士人《いちしじん》画《え》を善《よ》くし、鼠《ねずみ》の一軸《いちじく》を作《つく》り、之《これ》を邑令《いふれい》に献《けん》ず。令《れい》初《はじ》め愛《いつく》しむを知《し》らず、謾《みだり》に壁《かべ》に懸《か》く。旦《あした》にして之《これ》を過《す》ぐれば、軸必《じくかなら》ず地《ち》に墜《お》つ。屢懸《しばしばか》くれども屢墜《しばしばお》ち、令之《れいこれ》を怪《あや》しむ。黎明《れいめい》に物色《ぶつしょく》すれば、軸地《じくち》に在《あ》りて猫其《ねこそ》の旁《かたはら》に蹲《うづくま》る。軸《じく》を挙《あ》ぐるに逮《およ》べば、則《すなは》ち踉蹡《りょうしょう》して之《これ》を逐《を》ふ。以《もつ》て群猫《ぐんびょう》に試《こころ》みるに、然《しか》らざる者《もの》莫《な》し。

現代語訳

東安のある地位教養の高い人が絵画がうまく、鼠が描かれている一つの掛け軸を描き、これを村長に献上した。村長は、初めこの絵のよさがわからず愛着がわかなくて、適当に壁に掛けていた。朝に掛け軸の前を通ると、掛け軸はいつも下に落ちていた。たびたび掛けるが、たびたび落ちていて、村長はこのことを不思議に思う。明け方に探すと、掛け軸は下に落ちていて猫がその傍らにうずくまっていた。掛け軸を取り上げようとすると、飛びかかって掛け軸を追いかける。多くの猫に試してみると、そうしないものはいなかった（＝全ての猫がその絵に向かって飛びかかろうとした）。

5 時間目 「対句・対文」に注目！

♪イントロ♪♪

「**対句**《ついく》」って聞いたことがあります。なんかセットみたいなものですよね？

ものすごくざっくりいうとそういうものなので、なんとなくイメージはあるんだろうな、とわかりますが、あまりにもざっくりすぎるので、ちゃんと説明しておきますね。

「対句」や「**対文**《ついぶん》」は、**前後で品詞や文構造・意味内容が対照になっていて、返り点の打ち方が同じ**場合です。

言葉で説明を読んでいるよりも、実際に見たほうが速いと思いますので、次の例を見てください。

例

浮カビテレ天ニ滄《さう》海《かい》遠ク

去リテレ世ヲ法《ほう》舟《しゅう》軽《かろ》シ

たしかに、レ点の位置が同じところにありますね。

それだけではなく、品詞と構造も同じですよね。「**動詞＋名詞＋名詞＋形容詞**」の構造です。

でも、「天ニ」と「世ヲ」で、送り仮名がちがう部分があるけどいいのかなぁ……？

はい、かまいません。そもそも、送り仮名はあとから日本人がつけたものであって、もともとの漢文にはそんなものはついていません。よって、細かい送り仮名が多少ちがう場合もあります。ですが、それよりも返り点や、品詞と文構造が同じということに注目しましょう。もちろん、「対句」をヒントにして読み方を判断する問題もあるので、送り仮名がムダというわけではありませんよ。

臨機応変に何を意識するか、が大事そうですね。あと、対句の内容ってセットだから、同じようなことを言っていると考えてよいですか？

同じときもあるし、逆の場合もあります。内容は、**イコールか反対**だと考えてください。それでは、**例題**にチャレンジしましょう。

例題1

問 「不レバ聴カレ之ヲ則チ殺シレ父ヲ、不レ孝ナラ。聴之則殺夫、不義。」について、「不レバ聴カレ之ヲ則チ殺シレ父ヲ、不レ孝ナラ」を参考にして「聴之則殺夫、不義」に返り点を付しなさい。

聴 之 則 殺 夫、不 義。

（成城大／『列女伝』）

例題1 設問の解説

後半「聴之則殺夫、不義」は、前半「不《レバ》レ聴《カ》レ之《ヲ》則《チ》殺《シ》レ父《ヲ》、不レ孝《ナラ》」とほぼ同じですよね。最初の「不」がないだけで、他は品詞も文構造もすべて同じです。よって、前半と同じように考えればよいだけです。しかも、設問文に「参考にして」とまで書いてくれていますので、とても親切な問題ですよね。入試問題そのままですよ。これはサービス問題ですね。

返り点だけでいいから、送り仮名とか考えなくてよいぶん、さらに簡単ですね。「聴レ之則殺レ夫、不レ義」です。

ちなみに、書き下せますか？

「不」をはずして前半と同じように読めばよくて、「則《チ》」の前が「ざれば」＝「已然形＋ば」だから、同様に「聴けば」にすればよいから……「之を聴けば則ち夫を殺し、義ならず」ですね。

そのとおり！　余裕ですね。

例題1 設問の解答

聴レ之則殺レ夫、不レ義

例題1 書き下し文・現代語訳

書き下し文

之《これ》を聴《き》かざれば則《すなは》ち父《ちち》を殺《ころ》し、孝《かう》ならず。之《これ》を聴《き》けば則《すなは》ち夫《おつと》を殺《ころ》し、義《ぎ》ならず。

現代語訳

これ〔＝仇敵の言うこと〕を聞かなければ父を殺し、親孝行ではない。これを聞けば夫を殺し、正義ではない。

例題2

問 次の空欄に入る最も適切な本文中の漢字一字を記せ。

日往ケバ則チ月来タリ、月往ケバ則チ日来タリ、日月相推シテ而明生ズ焉。寒往ケバ則チ暑来タリ、暑往ケバ則チ寒来タリ、寒暑相推シテ而歳成ル焉。□者屈也。来者信也。屈信相感ジテ而利生ズ焉。

（早稲田大／『易経』）

例題2 設問の解説

空欄の前の出だしの二つの文は対文ですね。品詞も文構造もそっくりです。

そのとおり！

空欄は漢字一字⬇全部で漢字四文字「□者屈也」の文で、前の文と対文ではないから、ひとまず後ろの文に注目しました。そうしたら、四文目の漢字四文字「来者信也」の文で「者」と「也」が同じ場所にあることから、これと対文だと考えました。

そうですよね。

では、空欄の文字を考えるためには、後ろの文のどの文字に注目すればよいですか？

もちろん、同じ場所にあたる出だしの「来」！　これと、同意か反対かどちらかになり、「屈」と「信」の関係と同じになるはずなのはわかったのですが、「屈」と「信」が同じなのか反対なのかがわからなくて……。

あともう一歩ですね。「屈」と「信」がわかりにくければ、もう一度前の二つの文をよく確認してみましょう。

えっと……あっ！　「●往けば則ち●来たり」って何度も出てきている「来」と同一漢字ですね！　前の二つの文は、それどうしが対文なので、きちんと見ても空欄には関係ないのではないかと思い込んで見ていませんでした。「来」から考えられる同意か反対の漢字一文字は「往」ですね!?

そういうことです。つまり「屈」と「信」の関係は、同義か反義かのどちらだったということですか？

「往く⇕来る」だから、こちらも「屈」⇕「信」で反対？

そのとおり！　いちおう「かがむ」と「伸びる」の意味なんですが、それがわからなくても、じつは前の文もヒントになっていて、同一の漢字に気づけば解ける問題です。

例題2　設問の解答

往

例題2　書き下し文・現代語訳

書き下し文

日《ひ》往《ゆ》けば則《すなは》ち月《つき》来《き》たり、月《つき》往《ゆ》けば則《すなは》ち日《ひ》来《き》たり、日月《じつげつ》相《あひ》推《お》して明生《めいしょう》ず。寒《かん》往《ゆ》けば則《すなは》ち暑《しょ》来《き》たり、暑《しょ》往《ゆ》けば則《すなは》ち寒《かん》来《き》たり、寒暑《かんしょ》相《あひ》推《お》して歳《とし》成《な》る。往《おう》は屈《くつ》なり。来《らい》は信《しん》なり。屈信《くつしん》相《あひ》感《かん》じて利生《りしょう》ず。

現代語訳

太陽が行けば〔＝沈めば〕月が来て〔＝昇り〕、月が行けば〔＝沈めば〕太陽が来て〔＝昇り〕、太陽や月はお互い押しのけて明るさを生じている。寒さが去れば暑さが来て、暑さが去れば寒さがやって来て、寒さや暑さはお互いに押しのけて一年が成り立つ。「往」は屈（＝かがむこと）である。「来」は信（＝伸びること）である。かがむことと伸びることが交互に起こって利益が生まれる。

例題3

問　次の傍線部「而日参二｜省乎己一、則智明而行無レ過矣」（返り点のみ施してある）の意味として最も適当と思われるものをあとの中から一つ選びなさい。

故ニ木受クレバレ縄ヲ則チ直ニ、金就ケバレ礪《れい》ニ則チ利《するど》ク、君子博ク学ビテ、而日参二｜省乎己一、則智明而行無レ過矣。故ニ不レバレ登ラ二高山一ニ、不ルレ知ラ二天之高キヲ一也。不レバレ臨マ二深《しん》谿《けい》ニ一、不ルレ知ラ二地之厚キヲ一也。

（『荀子』）

〈注〉＊縄……墨なわ。木材にまっすぐな線を引くのに用いる道具。　＊礪……砥石《といし》。　＊谿……谷。谷川。

ア　そして一日一度我が身に照らして考えるだけで、行いに間違いがないかが明確に分かる

イ　そして毎日何度も我が身について反省すれば、智は明晰で行いも過ちがなくなる

ウ　それなのに毎日内省ばかりしていては、知力において勝るところがなくなってしまう

エ　それなのに過去を顧みるだけであっては、知識があっても行いがそれに伴わなくなる

(南山大)

例題3 設問の解説

傍線部が返り点だけで、句法も特にないので、ちょっと難しかったです。後半に、おそらくいらないであろう文字がいくつかあるのはわかりましたが……。

ちなみに、そのいらない文字はどれだと思いましたか？

送り仮名がないので、確実かどうかはわかりませんが「則」。あとは、文中の「而」がきっと**置き字**。最後の「矣」もおそらく置き字。

全部その可能性としては高いので、おかしくはありませんね。

あと、ちょっとズルい考え方ですけど、この【5時間目】の例題だから、きっと傍線部の**「対句・対文」**があるんでしょうけれど、どこなのかもなんだかよくわからなくて……。

今回は、傍線部自体は正確には「対文」ではなく、探しても「ない」ので難しかったでしょうね。

ええっ！　ちがうんですか？　そりゃ探してもなかったわけですね……。

ただし、傍線部以外では見つけましたか？

あ、それは気づきました。「木受《クレバ》レ縄《ヲ》則《チ》直《ニ》」と「金就《ケバ》レ礪《れい》《ニ》則《チ》利《するど》《ク》」の部分ですよね。それから、傍線部の後ろの二文「（故《ニ》）不《レバ》レ登《ラ》二高山《ニ》一、不《ル》レ知《ラ》二天之高《キヲ》一也」と「不《レバ》レ臨《マ》二深《しん》谿《けい》《ニ》一、不《ル》レ知《ラ》二地之厚《キヲ》一也」もそうですよね。前後にはあるのに、なんで傍線部はないの？と不思議に思いました。

その部分、注釈を利用しながら直訳、もしくは大筋でよいので訳せますか？

えっと、「**～バ則チ**」は無視していいですよね。「受くれば」や「就けば」は「**已然形＋ば**」なので、**古文だと確定条件ですが、漢文の場合は仮定も確定も有り得る**ので、文脈判断の必要がありますよね……。

そうですね。では、後ろの対文を先に考えてみましょうか。

これは「～ざれば、……ず」で、**上が否定の仮定条件になる**ものですね（⬇「第1部」の【9時間目】）。よって、「もし高い山に登らないならば、天の高さはわからないのだ。深い谷に臨まなければ、大地の厚さはわからないのだ」です。

では、前の二つは、**仮定**か**確定**かどっちの可能性が高いでしょうか？

きっと「仮定」ですね。では、「木がまっすぐな線を引く墨なわを受けたならば直に」は、その道具で何かの作業をしたならば、まっすぐになり、「金が砥石につくならば」は「とぐならば」かな……。「とぐならば鋭くなる」みたいな意味かなぁ。

それでよいですよ！ 次の「君子が広く学んで」はわかると思います。その次に傍線部ですね。まず、前半の「而日参二省乎己一」の部分の述部はどれだと思いますか？

選択肢も利用すると「参二省」の部分で、下の「乎」は置き字、「己」はCになると考えました。「参二省」の意味は、選択肢から「照らして考える・反省する・内省する・顧みる」などの意味ですね。もし、選択肢がなくても「参省」の「省」を使った二字熟語で「己」からつながるものを考えると、「自分のことを反省する」のような意味だと推測できます。「己」は、語順で考えれば基本的にはCですが、ここでは置き字があるけれどOになると考えるほうが自然かなぁ。

選択肢を利用したり、二字熟語を考えたり、自力で読むためのポイントにきちんと目を向けられるようになりましたね！ さて、その次に「則」があるのですが、この「則」は前からのつながりで考えると、どう読めばよいでしょうか？

えっと……さっきの対句のときに、「(レ)バ則」があって仮定で考えたから、この「則」も「レバ則」で「仮定」になる可能性が高いかも！ いちおう後ろの文脈も確認すると、「智明」は「智が明るい」＝「智が㊉」、「行無レ過」は「行いに過ちがない」のような感じだととれました。

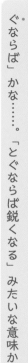

では、「君子」のところから、大ざっぱに確認できますか？

「君子は広く学んで、自分のことを反省したら、智が⊕で、行いに過ちもなくなる」ですね！ 文章としておかしくないし、選択肢を探してみると……イですね！

そういうことです。しっかり対句というわけではありませんが、前の「〜バ則」も「仮定」、後ろも「仮定」であれば、おそらく傍線部の「則」の前半も「仮定」になるのでは、と予測がつきます。「〜ならば……、〜ならば……、傍線部。だから、〜しなければ……ない。〜しなければ……ない」という流れに気がつけば正解が導ける問題です。

例題3 設問の解答

イ

例題3 書き下し文・現代語訳

書き下し文

故《ゆゑ》に木《き》縄《じよう》を受《う》くれば則《すなは》ち直《ちよく》に、金礪《きんれい》に就《つ》けば則《すなは》ち利《するど》く、君子《くんし》博《ひろ》く学《まな》びて、日《ひ》に己《おのれ》を参省《さんせい》すれば、則《すなは》ち智《ち》明《あき》らかにして行《おこな》ひ過《あやま》ち無《な》し。故《ゆゑ》に高山《かうざん》に登《のぼ》らざれば、天《てん》の高《たか》きを知《し》らざるなり。深谿《しんけい》に臨《のぞ》まざれば、地《ち》の厚《あつ》きを知《し》らざるなり。

現代語訳

よって、木は墨縄《すみなわ》〔＝木材にまっすぐな線を引くのに用いる道具〕にあたればまっすぐになり、金属は砥石《といし》で磨けば鋭利になり、君子は広く学んで、そして毎日何度も我が身について反省すれば、智は明晰で行いも過ちがなくなる。だから高い山に登らなければ、空の高さはわからないのだ。深い谷を目の当たりにしないならば、大地の厚さはわからないのだ。

6 時間目

主張は「結末部」が多い

♪イントロ♪

「**主張・主題は結末部に書かれていることが多い**」！　これも古文と同じですね。

そうなんです。「古文と同じ」ばかりで申し訳ないのですが、「逆にラッキー♪」と感じてもらえるとうれしいです。

新しいことをわざわざ覚えるよりは、「**古文の解き方とベースは同じ**なんだな」と考えたほうがラクですよね。

設問文に「**趣旨**」と書かれている場合もありますが、同じです。「趣旨」は文章で中心となる事柄なので、「**主題**」ですよね。ちなみに、結末部になければ、次はどこにある可能性が高いと思いますか？

冒頭部分ですね。

そのとおり。もしくは、その両方の場合もあるし、どちらにもなければ、文中で「**強調表現**」（たとえば、**二重否定**や**反語**、**抑揚**、**限定**、**詠嘆**など）が使われているあたりが主張の可能性が高いのです。

「言いたいこと」（＝主張・主題・趣旨）だから「強調」しているんですね。

そういうこと！　それでは、例題にチャレンジしましょう。なお、この【6時間目】以降では本文のレベルが高くなるので、適宜語句の解説を載せています。

例題1

次の文章を読んで、あとの問に答えよ。

詩文多益ミ善キ者、古今能ク有二ラン幾人一カ。与二リハ其ノ不レラン能ハ二尽ク善一キコト、而《すなは》チ止《た》ダ存二スルノミニシテ一篇数篇一句数句之長一ヲ、此《こ》ノ外《ほか》ハ皆ナ能ク勿レカラン作ルコト。

〈中略〉*古人ノ所謂《いはゆる》数十首数首之可レキ伝ハル者、其ノ全ハ決シテ不レラン止レマラ此レニ。若シ其ノ善キ者止レマリテ此レニ而此ノ外勿レケレバ作ルコト、正ニ*予ガ所謂作二ル其ノ必ズ可レキ伝ハル者一ヲ也。此レ其ノ識其ノ力、古今又能ク有二ラン幾人一カ乎。

（鍾惺「題魯文恪詩選後二則」）

〈注〉＊古人所謂数十首数首之可伝者、其全決不止此……古人の場合、後世に残っている数十首ないし数首の詩文はいずれも素晴らしく、伝わってしかるべきものだが、その人が作った詩文の全貌は決してこれだけには止まらないだろうと思われている。

＊予所謂……私の言う。この文章の前にあるもう一つの後書きに以下の考えが述べられている。

問　本文の趣旨に合致するもの一つを、左記各項の中から選べ。

ア　優れた作者には、世に伝わらず埋もれた詩文が多数あるはずなので、全集の編纂《へんさん》が必要である。

イ　一篇一句だけでも素晴らしい詩文が作れたら、他の駄作のほうが有名になっても作者として悔いはない。

ウ　詩文の作者は後世の読者の鑑識眼を信頼し、素晴らしいものだけが読み継がれていくことを期待してよい。

エ　詩文が後世まで伝わって広く読まれるかどうかは、内容に含まれた教訓の深さによって決まる。

オ　後世に伝わるに値する詩文以外は作らないでいられるほどの見識をもった作者は、めったにいない。

（立教大）

例題1　語句の解説

●「善キ者」【よキもの】（上手な者。ここでは、素晴らしくなる作者）
＊「善ク」＝「～が得意・～を上手にする」の意。

●「能ク」【よク】（できる）　＊「善ク」と「能ク」を区別すること。

●「有ラン二幾人カ一」【いくにんカあラン】（どれくらいいるだろうか、いや、いない）
＊「有」は返読文字で、「幾人」がS。「幾人」は「どれくらいの人」。「ン」＝反語。

●「不ランレ能ハ」【あたハざラン】（できない）　＊下の内容「尽ク善キコト」（＝すべて素晴らしく）が「できない」。

●「尽ク」【ことごとク】（すべて）　＊「読み」が出題される場合がある。

● 「止《たダ》～《ノミ》」【たダ～ノミ】（ただ～だけ）

＊「限定」。「止」の漢字で「ただ」は珍しいが、このように振り仮名があるはずなので覚えておかなくてもOK。

● 「所謂」【いはゆる】（世に言うところの）

＊「読み」が出題される場合がある。

● 「者」【もの】（～もの）

＊「者」は人間だけではないことがポイント。「品物」の「もの」や、「こと」「は」と読んだり、無視する場合もある。

● 「若《シ》」【もシ】（もし～ならば）

＊「若」が文頭にあり、返り点がなければ「もシ」。

例題1 設問の解説

趣旨の問題なので、結末部が特に重要である可能性が高いですね！

それでは、最後の一文に注目しましょう。「此《レ》其《ノ》識其《ノ》力、古今又能《ク》有《ラン》二幾人《カ》一乎。」ですね。このなかで重要語句や句法はどれですか？

語句の解説にあるのと同じく、「能《ク》」（＝できる）と、「有《ラン》」の「ン」＝反語と、「幾人」（＝どれくらいの人）です。

そうですね。つまり、最後の一文の大筋はどうなりますか？

「識」は二字熟語にして「認識」と考えました。よって、「これ、その認識とその力、昔も今もどれくらいの人ができるだろうか、いや、どれほどの人もいない」のような感じだと思います。少し強引ですが、それと同じような解釈のオにしました。

それでOKです。ただ、「その認識とその力」が指示語で、そのままだとわかりにくいので、指示内容をいちおう確認しておきましょう。

指示内容は「前」でしたね。よって、その前の部分「必ず伝わるべきものを作る」だと考えられます。何に伝わるのかは、そこまでの文脈や注釈で「後世」だとわかるはずです。選択肢オは、「後世に伝わるに値する詩文以外は作らないでいられる」となっていますね。「伝わる詩文以外は作らないでいられる」ということは「後世に伝わる（＝上手な）詩文以外」＝「下手な詩文」で、それを「作らない」⬇「上手な詩文・伝わる詩文しか作らない」ということです。

そして、その認識をしている人は、ほとんどいないということですよね。

そのとおり。正解はオでOKですね。

趣旨問題では、やっぱり結末部が大事なんですね！

いつも絶対というわけではないのですが、結末部に多いので、意識する価値はおおいにありますよ！

例題1 設問の解答

オ

例題1 書き下し文・現代語訳

書き下し文

詩文《しぶん》多多《たた》益〻《ますます》善《よ》き者《もの》、古今《ここん》能《よ》く幾人《いくにん》か有《あ》らん。其《そ》の尽《ことごと》く善《よ》きこと能《あた》はざらんよりは、而《すなは》ち止《た》だ一篇数篇一句数句《いっぺんすうへんいっくすうく》の長《ちょう》を存《そん》するのみにして、此《こ》の外《ほか》は皆《み》な能《よ》く作《つく》ること勿《な》からん。〈中略〉古人《こじん》の所謂数十首数首《いはゆるすうじつしゅすうしゅ》の伝《つた》はるべき者《もの》、其《そ》の全《ぜん》は決《けっ》して此《こ》れに止《とど》まらざらん。若《も》し其《そ》の善《よ》き者《もの》此《こ》れに止《とど》まりて此《こ》の外《ほか》作《つく》ること勿《な》ければ、正《まさ》に予《よ》が所謂《いはゆる》其《そ》の必《かなら》ず伝《つた》はるべき者《もの》を作《つく》るなり。此《こ》れ其《そ》の識《しき》其《そ》の力《ちから》、古今《ここん》又《また》能《よ》く幾人《いくにん》か有《あ》らんや。

現代語訳

多数の詩文を作れば作るほど詩文の質も素晴らしくなる作者（になること）は、昔も今もどれくらいの人ができるだろうか、いや、どれほどもいない。そのすべてを素晴らしくできないよりは、ただ一編や数編、一句や数句が優れているだけで、この他はすべて作ることができなかったのだろう。〈中略〉古人の場合、後世に残っている数十首ないし数首の詩文はいずれも素晴らしく、伝わってしかるべきものだが、その人が作った詩文の全貌は決してこれだけには止まらないだろう〔＝下手な詩文もあった〕と思われている。もし素晴らしい作品がこの数首か数十首どまりで他に作らなかったのならば、私の言う必ず（後世に）伝わるべきもの〔＝上手な詩文だけ〕を作ったのである。そうした（後世に伝わるに値する詩文以外は作らないでいられるほどの）見識（をもった作者）が、昔も今もまた、どれくらいの人ができようか、いや、めったにいない。

例題 2

次の文章を読んで、あとの問に答えよ（送り仮名を省いた箇所がある）。

苟シクモ能ク熟読シテ而温‐習シ二之ヲ一、使メバ二入リレ耳ニ著《つ》カレ心ニ、久不二忘失一。全ク在ル二日積之功ニ一耳。里諺ニ曰ク、「積ミレ糸ヲ成シレ寸ヲ、積ミレ寸ヲ成スレ尺ヲ。寸尺不レ已マ、遂ニ成ストニ丈匹ヲ一」。此語雖モレ小ナリト、可シ二以テ喩フレ大ヲ。後生勉《つと》メヨレ之ヲ。

（鄭耕老「勧学」）

〈注〉＊里諺……ことわざ。　＊寸尺……布が短いこと。　＊丈匹……布が長いこと。
＊後生……年の若い者。

問　本文の趣旨に合致するものを左の中からひとつ選びなさい。

A　立身出世のためには努力して勉強することが必要であり、最初に学ぶべき対象は、儒教の経典である。

B　立派な人になるには努力して書物で勉強することが重要であり、勉強は日々の積み重ねが重要である。

C　勉強するには、各自の能力に見合った時間をかけることと、先達の教えをいかすことが、重要である。

D　普通以下の能力の持ち主は、暗誦には時間がかかっても、結果として内容を長い間忘れることがない。

E　勉強は毎日続けたとしても成果がわかりにくいので、糸で大量の布を織り上げるよりも精神力がいる。

（中央大）

例題2 語句の解説

- 「苟《シクモ》」【いやシクモ】（もし〜ならば）
- 「能《ク》」【よク】（できる）
- 「使《メバ》二〜一、……」【〜しメバ、……】（もし〜ならば）　＊仮定条件節（⬇「第1部」の【13時間目】）
- 「久《シク》不二忘失《セ》一」【ひさシクぼうしつセず】（長い間忘れることがない）　＊全部否定「第1部」の【9時間目】
- 「〜耳」【〜のみ】（〜だけだ）　＊「限定」
- 「不レ已《マ》」【やマず】（やめず）　＊「已」**の読みが頻出。**動詞「やム」、副詞「すでニ」、助詞「のみ」。ここでは**動詞**。
- 「遂《ニ》」【つひニ】（とうとう・けっきょく）　＊**副詞「遂」の読みが超頻出！**
- 「雖《モ》レ小《ナリト》」【しやうナリトいへどモ】（小さいことだが）　＊「雖」は**逆接**。**仮定か確定かは文脈判断**。直前の送り仮名「ト」が大事。
- 「可」【べシ】（できる）　＊助動詞「べシ」。「**可能**」「**許可**」の意。ここでは「できる」の意。
- 「以《テ》喩《フ》レ大《ヲ》」【もつテだいヲたとフ】（大きいことをたとえる）　＊**Vの上**にポツンとある「**以**」は**無視**してOK。

例題2 設問の解説

これも趣旨の問題なので、**結末部**に注目しました。注釈も利用すると、「年の若い者は、これを勉めよ」ですが、「これ」の指示内容を考える必要があるので、前を確認しました。そうしたら、前の文も指示語「此語」から始まっていて、これは、その前のことわざを指していることはわかりました。

そうですね。そのことわざを大ざっぱに訳すと、「糸を積めば寸になって、寸⬇尺になる。布が短いときにやめずに織り続ければ、布は長くなる」ですね。これは、つまり、どういうことを言っているのでしょうか？

この直前、重要句法「**耳**」があり「〜だけだ」という**限定**（**強調**）なので、この部分が大事だと気づきましたか？

はい！「日積之功」は「日々の積み重ねの功労」だと推測しました。つまり「日々のコツコツとした積み重ねが重要！」ということで、ここを強調していると考えました。次のことわざも、そういう〔＝日々織り続ければ、短い布が長くなる〕ことですよね。よって、Bを選びました。

正解です！最後の一文の指示語の指示内容が少し離れていたのですが、きちんと読んでいればそんなに難しくありません。今回も、わざと後ろから戻りましたが、本番は前から読んでいくわけですから、そのとおりに大筋をとっていくと……

- もし熟読して学習できて、耳や心で暗記するくらいすれば、長い間忘れることはない

⬅

- すべて日々の積み重ねが重要！

⬅

- 糸・布のことわざの話

⬅

- そのことわざは小さいことだが、大きいことも兼ね備えている

⬅

- 若者よ、これを勉めよ

です。そうすると、やはり「これ」は、直前ではなく強調箇所の「日々の積み重ね」ですよね。

はい、そこが言いたいことだとわかりました！

趣旨は結末部に多いのですが、**強調表現**の箇所も大事です。文章を読み、大筋をとるときにも、重要句法や語句、強調表現などを意識しながら読めるようにがんばってくださいね！

例題2 設問の解答

B

例題2 書き下し文・現代語訳

書き下し文

苟《いや》しくも能《よ》く熟読《じゆくどく》して之《これ》を温習《おんしゅう》し、耳《みみ》に入《い》り心《こころ》に著《つ》かしめば、久《ひさ》しく忘失《ぼうしつ》せず。全《まった》く日積《にっせき》の功《こう》に在《あ》るのみ。里諺《りげん》に曰《いは》く、「糸《いと》を積《つ》み寸《すん》を成《な》し、寸《すん》を積《つ》み尺《せき》を成《な》す。寸尺《すんせきや》已《や》まず、遂《つひ》に丈匹《ちょうひき》を成《な》す」と。此《こ》の語《ご》小《しょう》なりと雖《いへど》も、以《もっ》て大《だい》を喩《たと》ふべし。後生之《こうせいこれ》を勉《つと》めよ。

現代語訳

もし熟読してこれ〔＝たくさんの書物〕を繰り返して学ぶことができて、耳で聞き心に定着させたならば、長い間忘れることがない。すべて日々の積み重ねの効果であるだけだ。ことわざに言うことには、「糸を長い時間繰り返して一寸ができ、一寸を長い時間繰り返して一尺ができる。布が短いときに（織ることを）やめず、その結果、布が長くなることができる」と。この言葉は小さいことだが、大きいことをたとえることもできる。年の若い者は、これ〔＝日々の積み重ね〕を努力せよ。

内容合致問題の攻略法

♪イントロ♪♪

内容合致問題は、設問の最後にある場合が多いんです。

内容合致問題には三つのパターンがあります。

❶ 合致するものを一つ、または、複数選ぶ問題
❷ 合致していないものを一つ、または、複数選ぶ問題
❸ 選択肢を「合致しているもの」と「合致していないもの」に判別する問題

まずは、❶～❸のどれが問われているのかを必ず確認してください。そこを間違えると、よけいな時間を費やすことになってしまいます。問題をよく読むことは、どの教科・科目であれ鉄則です！

選択肢はやっぱり先に目を通したほうがいいのですか？

強制はしませんが、私は**先にざっと目を通す**派です。そのほうが、どんな系統の話なのか、つかめる場合が多いからです。

あとは、一言一句を完璧に全部覚えるわけではなく、選択肢のなかで**なんとなく特徴のある言葉をキーワードとして覚えておく**と、本文を読み進めているときに、そのキーワードが出てきたら「あ！ 内容合致にあった言葉」と反応ができ、本文のそのあたりをしっかり読めば、その選択肢が○か×かわかります。

ただし、「合致しているものを一つ選べ」という問題のときに、「先に選択肢を読むと頭が混乱してわけがわからなくなる」というタイプの人もなかにはいます。そういう人には強制はしませんので、きちんと本文を読んだうえで選択肢を確認して、問題を解いてください。

ですが、**「合致していないものを一つ選べ」の場合は、先に読んだほうが確実にお得**ですよ。

たしかに、正解以外の選択肢は本文と合致しているから、先にあらすじを読んでいるようなものですよね。

そういうことです。それでは、例題にチャレンジしましょう。

例題 1

次の文章を読んで、あとの問題に答えなさい。

孟子曰ハク、易《をさ》メシメ二其ノ田《でん》疇《ちゅう》ヲ一、薄クセバ二其ノ税《ぜい》斂《れん》ヲ一、民ヲ可キレ使ムレ富マ也。食《やしな》フニレ之ヲ以テシレ時ヲ、用キルニレ之ヲ以テスレバレ礼ヲ、財不ルレ可カラレ勝《た》フレ用キル也。民ハ非ザレバ二水火ニ一不二生活セ一。昏暮ニ叩キテ二人之門戸ヲ一、求ムルニ二水火ヲ一、無キハ二弗ルレ与ヘ者一、至リテ足レバナリ矣。聖人ノ治ムルヤ二天下ヲ一、使ム下有ルコト二菽《しゅく》粟《ぞく》一如クナラ中水火ノ上。菽粟如クニシテ二水火ノ一、而民焉クンゾ有ラン二不仁ナル者一乎ト。

（『孟子』）

〈注〉＊田疇……田畑。耕作地。　＊菽粟……豆と穀類。人の常食。

問1　本文の内容ともっともよく合致するものを、次のア～エの中から一つ選びなさい。

ア　菽粟が十分あれば、不仁の者はおのずと世の中から排除されていく。

イ　税の取り立てを軽くすると、結果として不仁の者が多くなる。

ウ　水や火を他人に与える者は、水や火が十分にあるからである。

エ　礼を重んじることによって、財産を増やそうとする者は少なくなる。

問2　孟子の思想を表すことばとしてもっとも適切なものを、次のア～エの中から一つ選びなさい。

ア　無為自然　イ　兼愛説　ウ　性善説　エ　性悪説

（学習院大）

例題1　語句の解説

● 「易《をさ》メシメ」【をさメシメ】（収めさせ）　＊送り仮名で**使役**を表す形。

● 「可キレ使ムレ富マ也」【とマしムべキなり】（裕福にさせることができるのである）

＊「可」＝助動詞「べシ」。可能・許可の意。ここでは「できる」の意。／「使」＝使役の助動詞「しム」。／文末の「也」＝上に疑問・反語がないので、断定の助動詞「なり」。

● 「不ルレ可カラレ勝《た》フレ～」【～たフべカラざル】（～しきれないほど多い）

● 「非ザレバ二～ニ一不二……一」【～ニあらザレバ……ず】（～でなければ……しない）

＊上が**仮定条件**節（⬇「第1部」の【13時間目】）

● 「無キハ二弗ルレ与ヘ者一、～」【あたへざルものなキハ、～】（与えない者がいない（＝みんなが与える）のは、～）

● 「焉クンゾ有ラン二～一乎」【いづクンゾ～あランや】（どうして～がいるだろうか、いや、いない）

＊「ンや」の送り仮名があるので、「焉」は**反語**。

● 「不仁ナル者」【ふじんナルもの】（仁ではない者⬇悪事をはたらく者）

例題1 設問の解説

「内容合致」の解説の前に、問2の解答を確認しておきましょう。「第2部」の【0時間目】で学習した思想家の問題ですね。カットせずにそのまま載せました。孟子《もうし》の思想、覚えていますか？

「性善説《せいぜんせつ》」か「性悪説《せいあくせつ》」のどっちかなのは記憶があるのですが、どっちか忘れちゃって……

では、ここで再度復習しておきましょう。

孟子《もうし》はウ「性善説」です。ちなみに、「性悪説」は荀子《じゅんし》ですね。

今度は忘れないように、しっかり復習しておきます……。

それでは気を取り直して、問1を解説していきます。

先に選択肢の内容から確認しましょう。キーワードになりそうなところに印をしてみます。

ア　菽粟が十分あれば、不仁の者はおのずと世の中から排除されていく。

イ　税の取り立てを軽くすると、結果として不仁の者が多くなる。

ウ　水や火を他人に与える者は、水や火が十分にあるからである。

エ　礼を重んじることによって、財産を増やそうとする者は少なくなる。

これが絶対というわけではありません。私が注目したところが、このキーワードというだけです。このキーワードを頭の片隅に入れて、本文を読み進めていきます（ここでは、私のキーワードをもとに解説を進めます）。

最初の文に税の話がありそうですよね。この一文と選択肢イを見くらべるのです。重要語句をふまえて、最初の文の大筋が取れますか？

「孟子が言うには、田畑を収めさせて、税を薄くしたら民を裕福にさせることができる」ですね。「税を薄くする」は、選択肢を利用すると「税を軽くする」ということだろうけれど、結論が本文と選択肢とでは全然ちがいます。

そうですよね。本文は「裕福にさせる」だから⊕、選択肢は「不仁の者が多くなる」で⊖です。よって、イは✕だとわかります。では、その続き。

次の文は、礼や財産の話がからんでいるようですね。よって、選択肢エと見くらべるとよいですね。

まず、「之を食《やしな》ふ」の「之」は何ですか？

直前が「民」の話だったから、「民」だと考えました。民を養うには時間が手段？……う〜ん、タイミングが大事ってことかな。次の「之」も、きっと「民」ね。重要語句をふまえて直訳すると、「民を礼で用いれば、財産が使いきれないほど多い」。つまり、大筋は「礼を重んじれば、財産が貯まる」ということかなぁ。

7時間目 内容合致問題の攻略法

そのとおりです。よって、選択肢エとは、やはりちがいますね。「財産を増やそうとする者が少なくなる」とは本文のどこにも書かれていません。そして、次の文では、水や火が関わりそうですね。選択肢ウと見くらべましょう。では、また本文の大筋をとっていきましょう。

直訳は「民は水火でなければ生活しない」ですが、あまりにも不自然なので、きっと「民は水や火がなければ生活できない」と解釈しました。

続きの大筋は、「夕方に水や火を求めると、与えない者がいないのは、足りているからである」ですよね。だから、ウが正解かなと思ったんですが……。

たしかに、よさそうな感じはしますよね。ただし、本文は、「水や火を求められて、与えない者はいない」となっており、何を与えるのかは、もちろん「水や火」ですよね。つまり、「全員が水や火を与える」ということです。その理由が「水や火が足りているから」なんですよね。選択肢ウだと、「水や火を他人に与える者は、水や火が十分にあるから」となっていますので、裏を返せば「与えない者は水や火が足りないから」ということです。本文では、「頼まれたら、みんな与える」んです。よって、少しひっかかる選択肢ですよね。このような場合は、保留にしておいて、残るアを確認すればよいのです。アが確実にOKならアが正解でしょうし、アがどう考えても完全におかしいなら、ちょっとひっかかりますがウを正解にするしかないかもしれませんね。では、菽粟がからむ文はどこでしょうか?

えっと、最後の二文ですね。「聖人が天下を治めると、豆と穀類、つまり人の常食を水や火があるようにさせる」ですね。「水や火のように」というのは、先ほど確認した「十分に足りている状態」ですよね。最後の一文は、語句の解説にあるように反語があるので、「人の常食がたくさんあれば、どうして不仁な者がいるだろうか、いや、いない」だから、「人の常食が十分なら、悪い人間は現れない」ってことですね。そうすると……あ！　選択肢アのほうが本文とピッタリです。

そういうことです。よって、やはりウは×です。たしかにちょっとまぎらわしい選択肢かもしれませんが、キーワードと選択肢を見くらべるとアのほうが正解だとわかるはずです。

あと、語句の解説（「第1部」で学習したこと）はわかっているという前提で大筋をとっていますので、「第1部」がまだうろ覚えの人は、まずそちらをしっかり仕上げましょう！

例題1 設問の解答

問1 ア　問2 ウ

例題1 書き下し文・現代語訳

書き下し文

孟子《もうし》曰《い》はく、其《そ》の田疇《でんちゅう》を易《をさ》めしめ其《そ》の税斂《ぜいれん》を薄《うす》くせば、民《たみ》を富《と》ましむべきなり。之《これ》を食《やしな》ふに時《とき》を以《もつ》てし之《これ》を用《もち》ゐるに礼《れい》を以《もつ》てすれば、財用《ざいもち》ゐるに勝《た》ふべからざるなり。民《たみ》は水火《すいか》に非《あら》ざれば生活《せいかつ》せず。昏暮《こんぼ》に人《ひと》の門戸《もんこ》を叩《たた》きて、水火《すいか》を求《もと》むるに、与《あた》へざる者無《ものな》きは、至《いた》りて足《た》ればなり。聖人《せいじん》の天下《てんか》を治《をさ》むるや、菽粟有《しゅくぞくあ》ること水火《すいか》のごとくならしむ。菽粟水火《しゅくぞくすいか》のごとくにして、民焉《たみいづ》くんぞ不仁《ふじん》なる者有《ものあ》らんやと。

現代語訳

孟子が言うことには、「(人民には) その田畑を収めさせ、その税の取り立てを軽くすれば、人民を裕福にさせることができるのである。人民を養うのに時節に合わせ (たものを食べさせ) 人民を用いるときに礼を重んじれば、財産が使いきれないほど多くなるのである。人民は水や火がなければ生活ができない。夕方に人の家の戸を叩いて、水や火を求めると、与えない者がいない (=みんなが与える) のは、(水や火が) 十分あるからである。聖人が天下を治めるときには、豆や穀類などの人の常食が、水や火があるようにさせる。常食が水や火のように十分にあると、どうして悪事をはたらく者がいるだろうか、いや、いない」と。

例題 2

次の文章を読んで、あとの問に答えよ。

林羅山洽《かふ》博《はく》ニシテ、於イテ二天下ノ書ニ一、無シレ不ルレ読マ。其ノ所レ著ス凡ソ百有余部、皆可キレ伝フ也。本集百五十巻アリ。雖モ二詞不トレ工ミナラ、其ノ言足ルレ徴スルニ者甚ダ多シ。暮《ぼ》年《ねん》視聴不レ衰ヘ。勤力猶ホシ二少年ノ一。二十一史ハ、自リレ少キ読ムレ之ヲ者《こと》数回。而《しか》レドモ晋書以下未ダレ句セ。及ビテ二年七十四ニ一、欲ス二遍ク句セントレ之ヲ。是ノ歳、晋書・宋書・南斉書、畢ヘレ業ヲ翌年蓋フレ棺ヲ。

（『先哲叢談』）

〈注〉＊林羅山……江戸初期の儒学者。　＊洽博……知識等があまねく広いこと。　＊徴……引用すること。
＊二十一史……『史記』から『元史』に至る、中国の歴代王朝の正史。
＊晋書・宋書・南斉書……中国南朝の晋・宋・南斉の正史。

問　本文の内容に合致するものとして最も適切なものを、次の中から一つ選べ。

ア　羅山は、良書を捜し求めては、若者に推薦した。

イ　羅山は、多くの書物を利用して、歴史書の解説を書いた。

ウ　羅山は、晩年まで、読書への意欲を失わなかった。

エ　羅山は、多読よりも、むしろ精読を優先した。

（明治大）

例題2　語句の解説

● 「無シレ不ルレ～」【～ざルなシ】（～しないことはない）　＊二重否定（⬇「第1部」の【8時間目】）

● 「雖モ二……トレ～」【～トいへどモ】（～けれども）

＊「**雖**」は**逆接**。仮定か確定かは文脈判断。直前の送り仮名「ト」が大事。

● 「甚ダ」【はなはダ】（とても・非常に）　＊「**読み**」**が出題される場合がある。**

● 「暮《ぼ》年《ねん》」【ぼねん】（晩年）　＊一日の終わりのあたりが「暮れ」。人生の終わり（＝晩年）が「暮年」と覚えておく。

● 「猶ホ二シ～ノ一」【なホ～ノごとシ】（まるで～のようだ）　＊再読文字（⬇「第1部」の【5時間目】）

● 「自リレ少キ」【わかキより】（若いころから）　＊「**少**」**の**「**わかシ**」**の読み重要。前置詞**「**自**」（＝**より**）**の読みも頻出。**

● 「者《こと》」【こと】（こと）　＊「**者**」**は人間だけではない**ことがポイント。ここでは「こと」。

● 「未ダレ～」【いまダ～ず】（まだ～ない）　＊再読文字（⬇「第1部」の【5時間目】）

● 「欲スレVント」【Vントほっス】（Vしたいと思う・Vしようと思う）

＊「**Vント**」**の送り仮名が大事。**（⬇「第1部」の【16時間目】）

例題2 設問の解説

さて、今回も選択肢を先にざっと確認すると、林《はやし》羅山《らざん》と書物の話だということが本文を読む前につかめますよね。

あとは、特徴があると思うところを自分なりにキーワードとして頭の片隅に入れて本文を読み進めましょう。今回も便宜上、私のキーワードで解説を進めます。私はこんな感じにしました。

ア　羅山は、良書を捜し求めては、若者に推薦した。
イ　羅山は、多くの書物を利用して、歴史書の解説を書いた。
ウ　羅山は、晩年まで、読書への意欲を失わなかった。
エ　羅山は、多読よりも、むしろ精読を優先した。

さっきの例題①でも思ったんですが、キーワードって、別に一つの選択肢に一つではなくてもいいんですね。

もちろん、別に一つでもよいし、エは「多読」と「精読」ってセットで記憶に残りやすいので、いちおう両方にしておいてどちらか一つでも出てきたときに気づければ……という考えで二つにしているだけです。それに、しつこいのですが、別にこの部分が正解というわけではなく、自分が覚えやすいところで特徴がある言葉をキーワードにすればよいですからね。

なるほど。わかりました。

それでは、出だしから重要語句や注釈を踏まえて大筋をとっていきましょう。「林羅山は知識が広くて、読んでいない本はない」んですね。そして、「著す所」とはどういうことですか？

「著者」の「著」だから、自分が書いたってことですか？

そう！　二字熟語で類推、素晴らしいですね。「百冊以上自分でも書いて、全部伝える」は、おそらく、「全部後世に伝わるようなよい作品」ということでしょうね。「本集も百五十巻あって、言葉は上手ではないけれど、引用すべき言葉がたくさんある」んですね。

ん～、なんだかキーワードがなかなか出てきませんね……。

そうですね。でも、必ずどこかに一つはあるはずなので、焦らずきちんと進めていきましょう。では、続き。

あ！　やっと「暮年」＝「晩年」が出てきた！　選択肢ウですね。本文は「晩年に視聴が衰えない」ですよね。選択肢ウは「晩年まで、読書への意欲を失わなかった」なので、……う～ん、これはどうなんでしょう……。「視聴が衰えない」としか言っていないので、読書への意欲を失わなかったのかどうかはよくわかりません……。

よい判断ができていますよ！　そのとおり。そう、わからないですよね。だから、「**保留**」に**する**んです。その場で答えを焦って出そうとしてよくわからないのに勝手にどちらかに決めつける人がいますが、たとえば、漢文も古文同様、**後ろまで読んで初めてオチや話がわかる場合がけっこうあります**。よって、わからない場合は「**勇気をもって保留**」にすることが大事なんです。他の選択肢の吟味も何も終わっていないこの段階で、勝手にここまでで答えを出す必要はまったくありません。

では、保留にして、先に進みます。

「勤力がまるで少年のよう」なんですね。次の「二十一史」は、注釈から「中国の歴代王朝の正史」なので、選択肢イとからんでいるようです。本文では「正史を若いときから数回読んだ。だけど晋書以下はまだ読んでいない」のかな。ああ、これも、選択肢イがどうなのかよくわからないままですね……。「本人が解説を書いた」とはこの部分では書かれていませんが、この後ろで出てくるかもしれないから、いちおう保留。

そうそう、その調子です。「74歳になって、広くこれを句そうと思った」ようですが、「句そう」は、どのように解釈をすればよいですか？

同一漢字の「句」がさっきの文にあり、「句せず」を「読んでいない」と訳したので、「読みたい」にしました。

それでおかしくなさそうですよね。ちなみに、「これ」は「晋書以下の正史」でしょうね。そして、最後の一文は「74歳のときに、中国南朝の晋・宋・南斉の正史を読み終えて、翌年に棺を蓋う＝亡くなった」です。

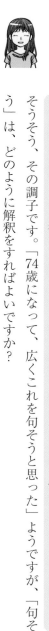

わ〜、問題を解いていないのに、全部終わってしまいました……。

焦らなくて大丈夫。ここまでちゃんと大筋をとって読み進めてきたので、きちんと確認していけば大丈夫ですよ。ちなみに、ア「若者に推薦」やエ「多読」「精読」のキーワードは、本文のどこにもありませんよね？　つまり、これらはもうこの時点で✕です。

じゃあ、保留にしていたイかウですね。「歴史書の解説を書いた」という話は、あれから最後までどこにもなかったので、イは✕ですよね。だから、消去法でウが正解になるはずですが、いちおうちゃんと確認しておきます。

本文の「暮年」のところには「視聴が衰えない」だから、「視力や聴力が衰えない」としかありませんでしたが、その続きの内容を考えると、74歳でも「まだ読んでいない正史を読みたい」と思って、しかも、読み終えて翌年亡くなった、ということは、晩年まで読書に励んでいたということですよね。やっぱり、これが正解なんですね。

そういうことです！　**キーワードが出てこなくても焦らない。本文にないならその時点で✕**なだけです。あとは**保留にしておく勇気**、忘れないでくださいね。

例題2 設問の解答

ウ

例題2 書き下し文・現代語訳

書き下し文

林羅山《はやしらざん》洽博《かふはく》にして、天下《てんか》の書《しよ》に於《お》いて、読《よ》まざる無《な》し。其《そ》の著《あらは》す所《ところ》凡《およ》そ百有余部《ひやくゆうよぶ》、皆《みな》伝《つた》ふべきなり。本集《ほんしふ》百五十巻《ひやくごじつかん》あり。詞工《ことばたく》みならずと雖《いへど》も、其《そ》の言《げん》徴《ちよう》するに足《た》る者《もの》甚《はなは》だ多《おほ》し。暮年《ばねん》視聴《しちよう》衰《おとろ》へず。勤力《きんりよく》猶《な》ほ少年《しようねん》のごとし。二十一史《にじふいつし》は、少《わか》きより之《これ》を読《よ》む者《こと》数回《すうかい》。而《しか》れども晋書《しんじよ》以下《いか》未《いま》だ句《く》せず。年七十四《とししちじふし》に及《およ》びて、遍《あまね》く之《これ》を句《く》せんと欲《ほつ》す。是《こ》の歳《とし》、晋書《しんじよ》・宋書《そうしよ》・南斉書《なんせいしよ》、業《ぎやう》を畢《を》へ翌年《よくねん》棺《ひつぎ》を蓋《おほ》ふ。

現代語訳

林羅山〔＝江戸初期の儒学者〕は知識等があまねく広く、天下の書物において、読んでいないものはなかった。その著作はおよそ百余部があり、全部後世に伝えるべきものである。その本集〔＝『林羅山先生集』〕は百五十巻ある。言葉遣いはうまくないが、その言葉は引用するのに値するものがとても多い。晩年視力も聴力も衰えなかった。（読書に）勤しむ力がまるで少年のようであった。二十一史〔＝『史記』から『元史』に至る、中国の歴代王朝の正史〕は、若いころからこれ〔＝二十一史〕を数回読んだ。しかし晋書以下はまだ読んでいなかった。74歳になって、すべてこれら〔晋書以下〕を読みたいと思った。この年〔＝74歳〕に、晋書・宋書・南斉書〔＝中国南朝の晋・宋・南斉の正史〕を読み終えて、翌年に亡くなった。

8 時間目

漢詩問題の攻略法

♪イントロ♪♪

入試でもよく出題される**漢詩**の学習をしましょう。

漢詩って難しくて好きじゃありません……。短い言葉のなかに複雑な感情が入っていたり、情景描写から気持ちを推測したりとか、「そんなのわかんない」って思ってしまいます。

そう思ってしまうのもよくわかります。たしかに、文章を読むより手強《ごわ》いと感じる人が多いかもしれませんね。

ですが、「漢詩の入試問題」って、けっこう点数を取りやすいテクニックがありますよ。

えっ？　そうなんですか!?

はい。もちろん内容も大事ですが、基本事項やテクニックで解けるものは確実に点を取りに行きましょう。

それでは、まず基本事項である「形式」を確認しましょう。

漢詩には一行五文字か七文字のものが多く、五文字のものを「**五言詩**《ごごんし》」、七文字のものを「**七言詩**《しちごんし》」といいます。

そのままなので、とってもカンタンですよね。

はい。その文字数に、行が何行あるかで名前がついていますよね？　たしか、**四行**なら「**絶句**《ぜっく》」、**八行**なら「**律詩**《りっし》」。

そうです。ちなみにそれ以外の行数は大ざっぱに「**古詩**《こし》」と分類してください。

形式名は、「**一行の字数**」と「**行数**」を組み合わせて表します。

たとえば、一行五文字×四行ならば「**五言絶句**《ごごんぜっく》」、一行七文字×八行なら「**七言律詩**《しちごんりっし》」です。

「**形式**」は大丈夫そうです！　入試で問われることってあるんですか？

ありますよ。簡単なので、そこまで頻出ではないのですが、出ます。よって、これは点取り箇所ですね。

テクニックで解ける問題って何ですか？

「**対句**《ついく》」や「**押韻**《おういん》」「**リズム**」を使って解く問題ですが、**対句**は「第2部」の【5時間目】で学習しましたよね。**漢詩の**「**対句**」は、**奇数句・偶数句の順**です。一つ飛ばして対句になる、などはありません。**前後の奇数↓偶数の順で返り点の打ち方が同じ場合は、ほぼ対句**です。「**品詞や文構造、意味内容ともに対照**」がポイントでしたね。

ちなみに、**律詩**（**八行**）の場合は、「**三・四句**」と「**五・六句**」が原則的には**対句**になりますが、どちらかだけが対句の場合もあります。

では、「一・二句」と「七・八句」は対句にはならないのですか？

いいえ、そういうことではありません。それらが対句の場合もあります。ちがう場合もありますが……。どちらにしろ「対句」かどうかは、見たらわかるのでそんなに心配しなくて大丈夫ですよ。それよりも「**対句を使って問題を解くことが多い**」という意識をもっておきましょう。

では、次に「対句」よりも頻出の「**押韻**《おういん》」を学びましょう。

「押韻」って、なんか音をそろえるものですよね？

ざっくり言えばそうです。**漢字を音読みにして、最後の音の響きが同じものが**、「韻」を踏んでいると言ったりしますよね。あの「韻」です。たとえば、「山・看・案」など。「ｓａｎ・ｋａｎ・ａｎ」で全部「ａｎ」の響きが同じですよね。

五言詩、七言詩ともに偶数句末が韻を踏んでいます。七言詩は初句の句末も押韻になっている場合がありますが、絶対ではありません。よって、漢詩の問題で空欄が偶数句末にあり（七言詩の場合は初句句末もいちおうアリ）、選択肢から漢字を選ばせる問題が出題されたら、「おそらく押韻の設問だ」と考えればよいのです。

つまり、他の偶数句末の漢字を音読みにして、同じ響きのものを選べばいいんですね？

そういうことです。ただし、まだ候補が複数残る場合もありますので、その場合は、さらに「対句」を使用したり、前後をきちんと読んでよりよいほうを選択する必要があります。

おそらく 例 を見たほうがわかりやすいと思うので、次に説明します。

例 問　次の空欄に入る語とその読み方として最も適当なものを、あとの中から一つ選べ。

欲シレ下サント二丹青ノ筆ヲ一、　先《ま》ヅ拈《と》ル二宝鏡ノ端ヲ一。
已ニ驚ク顔ノ索《さく》寞《ばく》タルニ、　漸《やうや》ク覚ユ鬢《びん》ノ＊凋《てう》残《ざん》スルヲ。
涙眼描キ将《ゆ》クコト易ク、　愁腸写シ出ダスコト□。
恐ル二君ノ渾《すべ》テ忘却センコトヲ一、　時ニ展《ひろ》ゲテ二画図ヲ一看ヨ。

〈注〉＊凋残……衰えて抜け落ちる。

ア　痛　いたし　　イ　難　かたし　　ウ　哀　かなし
エ　寂　さびし　　オ　辛　つらし　　カ　安　やすし

空欄が偶数句末にあるので、押韻の問題 ⬇ 他の偶数句末の音読みを確認します！「端・残・看」＝「an」の響きだから、イ「難」（ナン）か、カ「安」（アン）ですね。

そのとおり。では、その二つの候補から正解を導くために、**対句**を使いましょう。どこが対句になっていますか？

律詩なので、候補は三句目と四句目、五句目と六句目です。確認してみると、これ、どちらも対句ですね!? 返り点がないのも共通しているのと、何より品詞と文構造が同じです!

そうです。では、空欄を考えるには、どこを使えばよいですか?

対句の関係にある五句目ですね。五句目は「泣いている眼を描くのは簡単」です。六句目は「愁いている腸を写し出すことは□」で、「易」（＝簡単）と同意か反対語と考えると、どう考えても「難しい」ですね。よって、正解はイです。

できましたね！ このように、**解答候補が複数ある場合は、さらに前後や対句を使用して答えを導きます**。ですが、単純に同じ音読みが一つしかない場合もかなり多いので、その場合は、間違いなく正解を選んでくださいね！

「押韻」と「対句」も大丈夫そうです！ ところで、「**リズム**」って何ですか？

一行を読むときの「意味のまとまり」のことで、**五言詩**だと「**2|3**」に、**七言詩**だと「**2|2|3**」または「**4|3**」になっている場合が多いのです。これも言葉の説明よりも実際に見たほうがわかりやすいと思うので、次の**例**を見てください。

●**五言詩＝2|3**

例 涙眼|描キ将《ゆ》クコト易ク　愁腸|写シ出ダスコト難シ

【涙眼《なみだめ》|描《か》き将《ゆ》くこと易《やす》く　愁腸《しゅうちょう》|写《うつ》し出《い》だすこと難《かた》し】 ＊訳は既出。

● 七言詩＝2／2／3

例

一日／才名／動カス二九重ヲ一　【一日《いちじつ》／才名《さいめい》／九重《きゅうちょう》を動《うご》かす】

（ある日、才能があるという評判が宮廷を動かした（＝宮廷で大評判になった））

ホントだ！　このリズムがわかっていると読みやすくなりそうですね！

ただし、これも絶対というわけではありません。あくまで、「こうなっていることが多いですよ」というレベルです。たとえば、漢詩の中の一行を書き下し文などにしなければいけないときには、リズムをヒントにすると解きやすくなることもあるので、知っていて損はありません。

例の書き下し文・現代語訳

書き下し文

丹青《たんせい》の筆《ふで》を下《くだ》さんと欲《ほっ》し、　先《ま》づ宝鏡《ほうきょう》の端《はし》を拈《と》る。
已《すで》に驚《おどろ》く顔《かお》の索寞《さくばく》たるに、　漸《やうや》く覚《おぼ》ゆ鬢《びん》の凋残《てうざん》するを。
涙眼《なみだめ》描《か》き将《ゆ》くこと易《やす》く、　愁腸《しゅうちょう》写《うつ》し出《い》だすこと難《かた》し。
君《きみ》の渾《すべ》て忘却《ぼうきゃく》せんことを恐《おそ》る、　時《とき》に画図《がず》を展《ひろ》げて看《み》よ。

現代語訳

絵画の筆をふるおうと思い、まず宝鏡の端をつまんで取る。
容貌が衰えていることにほどなく驚き、髪が衰えて抜け落ちるのをしだいに感じる。

泣いている眼を描き進めることはたやすく、憂いている気持ちを写し出すことは難しい。
君が（私の）すべてを忘れさってしまうことを恐れる、ときどき（私の）肖像画を開いて見よ。

それでは次に、実際に**例題**で練習しましょう。

例題 1

問　次の空欄□に入る字として最も適切なものを、あとの中から一つ選べ。

去《リシ》時児女悲《シミ》　帰来《スレバ》笳鼓□
借問《ス》行路《ノ》人　何《ゾ》如《カント》㆓霍去病㆒

ア　哀　イ　歓　ウ　競　エ　催　オ　迫

（早稲田大／『南史』）

例題 1 設問の解説

偶数句末が空欄＝押韻の問題ですね。

もう一つの偶数句末が「病」（ビョウ）＝「ｏｕ」なので、同じ音読みの響きのウ「キョウ」ですね。

正解です。ちなみに、他の選択肢の音読みは、ア「アイ」、イ「カン」、エ「サイ」、オ「ハク」ですね。ただし、じつは「霍去病」は人名で、「カクキョヘイ」と読みます。「競」も、たとえば「競馬」は「ケイバ」と読み、「ｅｉ」が同じ響きですね。ですが、今回は、この「ヘイ」の読みがわかっていなくても、「ビョウ」の音読みももっているので、「ｏｕ」の響きで探しても、ウが選べたはずです。早稲田大の問題ですが、「押韻」をきちんと理解していれば確実に得点できる問題です。

例題1 設問の解答

ウ

例題1 書き下し文・現代語訳

書き下し文

去《さ》りし時《とき》児女《じじょ》悲《かな》しみ　帰来《きらい》すれば笳鼓《かこ》競《きそ》ふ
借問《しゃもん》す行路《かうろ》の人《ひと》　何《なん》ぞ霍去病《かくきよへい》に如《し》かんと

現代語訳

戦争に出かけたとき、子や女が悲しみ　帰ってくると笛や太鼓で競う（ように祝って迎える）
少し尋ねたい、（そこの）道行く人　どうして（私が）霍去病〔＝前漢の名将〕に及ぶだろうか、と（いや、及ばない）。

8時間目　漢詩問題の攻略法

例題2

次の漢詩を読んで、あとの問いに答えよ。

緑柳依依トシテ白日斜メナリ
人《じん》蹤《しょう》銷滅ス満庭ノ沙
只今暮ニ宿ル簷《えん》間《かん》ノ鳥
仍旧春ニ開ク砌《せい》下《か》ノ□
不ルモレ得二平生排シテレ閤ニ謁スルコトヲ一
無カランヤ下勝ヘテ二感悼ニ一望ンデレ門ヲ嗟スルコト上
駕スレ肩ニ来客知ンヌ何クニカ在ル
未ダルニレ葬ラ争ヒ馳セテ到ル二勢家ニ一

（『菅家文草』）

問1　この詩の詩形を漢字で答えよ。

（オリジナル）

問2　空欄□に入れるのに最も適切な漢字一字を、次の中から一つ選べ。
ア　白　イ　紅　ウ　燃　エ　暗　オ　花　（早稲田大）

問3　この詩に対句はあるかないか。また、ある場合は何句目と何句目が対句か答えよ。（オリジナル）

例題2　設問の解説

実際に出題されていたのは問2のみですが、せっかくなので、詩形と対句もオリジナルで問題追加しました。

これ、全部自信あります！　問1は七文字×八行なので、「**七言律詩**《しちごんりっし》」です。問2は**偶数句末**が空欄＝「**押韻**」の問題。だから、他の偶数句末の漢字を確認すると、「沙・嗟・家」（サ・サ・カ）＝「a」の響き ➡ オ「花」（カ）です。
そして、問3は「律詩」なので、三・四句目と五・六句目が候補ですよね。確認したところ、三・四句目は「返り点がない」が同じで、**品詞も文構造も同じ**だから**対句**です。ですが、五・六句目は返り点の打ち方が違うので、対句ではないですね。念のため、一・二句目と七・八句目も確認しておくと、一・二句目は返り点がないのは同じですが、品詞と文構造が違うから対句ではないし、七・八句目は返り点の打ち方が違うので対句ではありません。よって、「**三句目と四句目**」だけですね！

全問正解です！　ちなみに、これは**七言詩**なので、初句の句末も押韻している可能性がありますよね。チラッと見てみると「斜」（シャ）で押韻しています。まあ、今は他の情報から解け

たので問題ありませんが、「**七言詩では初句も押韻かもしれない**」ということは忘れないでくださいね。それを使って解く問題もありますので。

例題2 設問の解答

問1　七言律詩
問2　オ
問3　三句目と四句目

例題2 書き下し文・現代語訳

書き下し文

緑柳《りょくりゅう》依依《いい》として白日《はくじつ》斜《なな》めなり　人蹤《じんしょう》銷滅《しょうめつ》す満庭《まんてい》の沙《すな》
只今《ただいま》暮《くれ》に宿《やど》る簷間《えんかん》の鳥《とり》　仍旧《じょうきゅう》春《はる》に開《ひら》く砌下《せいか》の花《はな》
平生《へいぜい》閤《かふ》に排《はい》して謁《えつ》することを得《え》ざるも　感悼《かんとう》に勝《た》へて門《もん》を望《のぞ》んで嗟《さ》すること無《な》からんや
肩《かた》に駕《が》す来客《らいきゃく》知《し》んぬ何《いづ》くにか在《あ》る　未《いま》だ葬《ほうむ》らざるに争《あらそ》ひ馳《は》せて勢家《せいか》に到《いた》る

現代語訳

緑の柳はしなやかで太陽は（西に）傾いている
人の足跡が消え去っている〔＝人の訪れが途絶えている〕広い庭の砂
今、（日が）暮れると宿る、ひさしの間の鳥
依然として春に咲く、軒下の石段の下の花

（主人の右大臣の）生前くぐり戸を開いて謁見することもできなかったが
哀悼の念をこらえて門を望んで嘆かないことができようか
車と輿を並べていた来客がどこにいるのか（私は）わかった
まだ（右大臣を）葬っていないのに、先を争って権門の家に馳せて行った

例題 3

次の漢詩を読んで、あとの設問に答えなさい。

膏粱ハ以テシ二晩食ヲ一　安歩ニシテ而車《しゃ》輧《へい》ナリ
山泉皐《かう》壌《じゃう》ノ間　適志多所経

（『臨川先生文集』）

〈注〉＊膏粱……ごちそう。　＊安歩……やすらかに歩く。　＊車輧……ほろつきの車。　＊皐壌……おか。

問　傍線部「適志多所経」の書き下し文として最も適当と思われるものを、次の中から選びなさい。

ア　志《こころざし》に適《かな》ひて経《ふ》る所《ところ》多《おほ》し
イ　適《たま》たま志《こころざし》の多《おほ》くして所《ところ》を経《へ》たり
ウ　志《こころざし》の多《おほ》く経《ふ》る所《ところ》に適《ゆ》く
エ　適《まさ》に志《こころざし》の多《おほ》く経《ふ》る所《ところ》なり

（南山大）

例題3 設問の解説

漢詩の中の書き下し文です。「**リズム**」がヒントになる場合が多かったですよね。

これは**五言詩**なので、「**2|3**」のリズムですね！ イ、ウ、エは「志の多く」と2文字目から3文字目にかかっていく解釈をしているので、おそらく**×**。よって、「**2|3**」に分かれているアですか？

その可能性が高いでしょうね。あと、もう少しだけ重要句法などで確認しましょう。

傍線部、重要句法とか何もないような気がするのですが……。

では、ヒント。傍線部中に**返読文字**がありますよね。どれですか？

そっか、返読文字ですね（↓「第1部」の【3時間目】）！「**所**」です。

あともう一つ、「返読文字」がありますよ。わかりますか？ 反対語のセットで覚える三種類のうちの一つです！

えーっと、セットの三種類は「**有**」↕「**無**」、「**多**」↕「**少**」、「**難**」↕「**易**」だったはずなので……。あ！「**多**」ですね。

OKです。よって、「多所経」を読む順番は「経」⬇「所」⬇「多」です。

「経る所多し」ですね。

この順番で読めているのも、やはりアしかありませんね。

例題3 設問の解答

ア

例題3 書き下し文・現代語訳

書き下し文

膏梁《かうりやう》は晩食《ばんしよく》を以《もつ》てし　安歩《あんぽ》にして車軿《しやへい》なり
山泉皐壌《さんせんかうじやう》の間《かん》　志《こころざし》に適《かな》ひて経《ふ》る所《ところ》多《おほ》し

現代語訳

（粗末なものを）ごちそう（とするに）は遅い食事で（お腹を空かすとよく）
やすらかに歩いてほろつきの車（に乗っているつもりになるの）である
山や泉、おかの中では
志にかなって体験できることが多い

♪イントロ♪

いよいよ最終講です。ここまで学習してきた知識を使えば、もうすでに入試問題を解くことができるようになっているのですが、最後に「共通テスト」の新しい傾向と言われている**複数資料や、会話文を素材とした問題**の取り組み方の確認をしておきましょう。

どちらもチラッと見たことがあるのですが、複数資料はややこしそうだし、会話文の問題はセリフの量がすごく多くて、あの会話文をきちんと読み込むだけでも大変ですよね……。

ちょっと待った！　会話文を「きちんと」読み込む!?　たしかに、設問文をちゃんと読むことはとっても大切ですよね。たとえば、同じものか、異なるものを選ぶのかを勘違いしたとか、「二つ選べ」なのに一つしか選んでいなかったとか、そういうミスは絶対に避けなきゃいけませんから。ただし、あの会話文問題の、教師と生徒たちの会話や、生徒同士の長いセリフを一字一句きちんと読み込んでいたら、時間が足りなくなってしまうので、「きちんと」ではなく「ザッと」のイメージで読むべきです。ただし、そのセリフの中で、**問題になっている空欄や傍線部の前後には、問題を解く上での鍵があることが多いため、そのあたりは意識して読む**とよいでしょう。

あ！　それなら、いっそ傍線部や空欄の前後だけ読んじゃうとかダメですか？

いや、それも危険です。どこに大事な情報があるのかはわかりませんから、ザっとは目を通しましょうね。そのうえで、必要そうな情報と、これはいらないだろうという情報の読むスピードを変えられる読み方の練習を積んでください。

どれが必要そうな情報で、どれがいらないかなんて、自分で判断できるのか不安です。

たとえばですが、リアルな会話にするため「それって何だったかな」や「そうそう」「あ、そうか」のような相槌とかも書かれています。これらは問題を解く上では不要ですよね。あと、最初や最後のほうにありがちですが、「その後の展開を話し合ってみましょう」や「～と書かれています。ということで、次回の授業では、皆さんで●●をしてみましょう」とか、こんなのも精読不要で、パッと目を通すか通さないかくらいの勢いで流し読みですよね。何度か会話文の練習を重ねていくうちに、「あ、ここはいらないだろうな」とわかるようになってくると思われます。よって、練習はやはり必要ですよね。そういう意識を持って練習しているのと、何も考えずに、もしくは生真面目に一言一句丁寧に全部読んでいるのとは、まったく違ってきます。

わかりました。次からはそういう視点を持って、会話文問題に取り組みます。

会話文の量はたしかに多いのですが、その**会話文を先に読むと本文や資料のヒント**になり、本文や資料がとても読みやすくなることもあります。ですから、本文を読む前の設問確認の際に、会話文の問題があれば**ザッと目を通して、大事なところを見抜きつつ、何が問われているのかや、情報をつかめる場合はしっかりつかみましょう。**

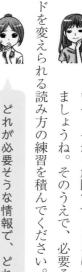

ところで、もう一つの「複数資料」の問題は、どのように対策すればよいですか。

複数資料の問題にはいろいろなタイプがあります。試行調査（プレテスト）も含め、これまでに出題されてきた形の例をあげてみると、

- ほぼ同量の二つの文章が提示され、片方が漢文・漢詩だけではなく、現代日本語もたくさん混じっている資料の場合
- 二つの文章量が明らかに違っていて、片方がメイン、もう片方はサブ的な短い場合
- 文章は一つだけで、設問の中に短い漢文の資料がある場合
- 「漢詩」と「漢文」の組合せの場合

などです。

うわぁ、本当にたくさんのパターンがあるのですね……。これ、全部それぞれに違う対策が必要なんですか？

いいえ、そういうわけではありません。たとえば、一つ目のような現代日本語もたくさん混じっている資料の場合は、先にお伝えした「会話文」と似ていますが、すべてをきちんと読み込んでいたら時間が足りなくなってしまうはずなので、本文を読む前の設問確認の際に、何が問われているのかを理解したうえで、たくさんの情報の中からどこが必要なのかをつかむことが必要です。資料を読むときにも、ザッと目を通しつつ、必要なものと、そうでないものの読むスピードが変えられる読み方ができるようにしましょう。

たしかに、会話文の解き方と似ていますね。

はい。ただし、実はこの一つ目の形は一度しか出題されていないため、おそらくですが、残りの形のどれかで出題される可能性のほうが高いと思われます。そして、その残りの形は、漢詩と漢文の違いはありますが、基本的には、メインの漢文とサブの漢文の二つを読むだけです。つまり、従来の漢文の試験の対策ができていれば、何か特別な対策が必要なわけではありません。もしも、二つの文章を比較して解く問題などがあれば、それぞれの文章の**共通点**や**相違点**を意識しましょう。ですが、基本的には、どちらかの文章に対する答えを、違う文章から読み取ったり、両方の文章に書かれていることを踏まえて内容合致問題を解かせたりなど、普通に漢文が正しく読めれば解ける問題です。ここまでに学習してきた読み方と解き方を踏まえて、たくさん練習をして自分のものにしてください。

それでは、**例題**にチャレンジしましょう。

例題

問 唐の白居易は、皇帝自らが行う官吏登用試験に備えて一年間受験勉強に取り組んだ。その際、自分で予想問題を作り、それに対する模擬答案を準備した。次の文章は、その【予想問題】と【模擬答案】の一部である。これを読んで、あとの問いに答えよ。なお、設問の都合で本文を改め、返り点・送り仮名を省いたところがある。

【予想問題】

問フ、自レリ古《いにしへ》以来、君タル者無レク不レルハ思レハ求二ムルヲ其ノ賢一ヲ、賢ナル者罔《な》レシ不レルハ思レハ効《いた》二スヲ其ノ用一ヲ。然レドモ両《ふた》ツナガラ不二ルハ相《あひ》遇一ハ、其ノ故ハ何ゾ哉。今欲レスルニ求レメント之ヲ、其ノ術ハ安クニ在リヤ。

【模擬答案】

臣（注1）聞ク、人君タル者無レク不レルハ思レハ求二ムルヲ其ノ賢一ヲ、人臣タル者無レシト不レルハ思レハ効二スヲ其ノ用一ヲ。然リ而シテ君ハ求レメントシテ賢ヲ而不レ得、臣ハ効レサントシテ用ヲ而無レ由者、豈不以貴賤相懸、朝野（注2）相隔、堂（注3）遠於千里、門（注4）深於九重。（以下省略）

（白居易『白氏文集』による）

〔注〕
1 臣―君主に対する臣下の自称。
2 朝野―朝廷と民間。
3 堂―君主が執務する場所。
4 門―王城の門。

問1　傍線部「豈不以貴賤相懸、朝野相隔、堂遠於千里、門深於九重」の返り点の付け方と書き下し文との組合せとして最も適当なものを、次の①～⑤のうちから一つ選べ。

①　豈不レ以二貴賤相懸一、朝野相隔、堂遠二於千里一、門深二於九重一
豈に貴賤相懸《あひへだ》たるを以てならずして、朝野相隔たり、堂は千里よりも遠く、門は九重よりも深きや

②　豈不レ以二貴賤相懸、朝野相隔一、堂遠二於千里一、門深二於九重一
豈に貴賤相懸たり、朝野相隔たるを以てならずして、堂は千里よりも遠く、門は九重よりも深きや

③　豈不レ以三貴賤相懸、朝野相隔、堂遠二於千里一、門深二於九重一
豈に貴賤相懸たり、朝野相隔たり、堂は千里よりも遠きを以てならずして、門は九重よりも深きや

④　豈不下以三貴賤相懸、朝野相隔、堂遠二於千里一、門深中於九重上
豈に貴賤相懸たり、朝野相隔たり、堂は千里よりも遠きを以て、門は九重よりも深からずや

⑤　豈不レ以下貴賤相懸、朝野相隔、堂遠二於千里一、門深中於九重上
豈に貴賤相懸たり、朝野相隔たり、堂は千里よりも遠く、門は九重よりも深きを以てならずや

問2 【予想問題】に対して、作者が【模擬答案】で述べた答えはどのような内容であったのか。その説明として最も適当なものを、次の①～⑤のうちから一つ選べ。

① 君主が賢者と出会わないのは、君主が賢者を採用する機会が少ないためであり、賢者を求めるには採用試験をより多く実施することによって人材を多く確保し、その中から賢者を探し出すべきである。

② 君主が賢者と出会わないのは、君主と賢者の心が離れているためであり、賢者を求めるにはまず君主の考えを広く伝えて、賢者との心理的距離を縮めたうえで人材を採用するべきである。

③ 君主が賢者と出会わないのは、君主が人材を見分けられないためであり、賢者を求めるにはその賢者が党派に加わらず、自分の信念を貫いているかどうかを見分けるべきである。

④ 君主が賢者と出会わないのは、君主が賢者を見つけ出すことができないためであり、賢者を求めるには賢者のグループを見極めたうえで、その中から人材を推挙してもらうべきである。

⑤ 君主が賢者と出会わないのは、君主が賢者を受け入れないためであり、賢者を求めるには幾重にも重なっている王城の門を開放して、やって来る人々を広く受け入れるべきである。

（共通テスト本試）

例題　設問の解説

リード文から「官吏登用試験に備えて、自分で作った予想問題と模擬答案」であることがわかります。続いて設問確認をしましょう。

あの……正直に言いますが、問1の設問確認をして選択肢をチラっと見た時に、あまりの長さに本文を読む前から心が折れそうになりました……。

その気持ちはわかります。しかも、このタイプの問題の解き方をここまでに具体的にお伝えしていなかったので、面喰ってしまったかもしれませんね。実は、この「返り点の付け方と書き下し文の組合せ」の問題は、共通テストの前に実施されていたセンター試験の頃からよく出る出題形式で、共通テストになってからも出ているものです。この講の学習テーマ「複数資料」「会話文問題」とは違うのですが、せっかく共通テストの講なので取り上げました。同じように心が折れたという人も、ここでしっかり解き方をお伝えしますので、安心してください。

良かったです。私はまず、返り点の付き方を確認して、書き下し文がその順番で読めているかどうかのチェックをしてみたのですが、全部きちんと返り点の付いている順番で読めていたから困ってしまって……。

そのチェックは不要です！　選択肢それぞれが、返り点の付いている順番できちんと読んでいることが多いので、そのチェックは時間の無駄になる率が高いのです。

最初に、傍線部内に**重要句法**や**語順**などで選択肢が絞れそうなものはないかどうか確認してみましょう。あと、傍線部内や傍線部の前後も含めて、**対句**や**対文**のような表現があれば、それがヒントになる可能性が高いです。それだけでは絞れなかった場合は、書き下し文のほうを使ってアプローチしていきます。**選択肢の書き下し文を無理やり直訳してみる**のです。そのときに、意味不明になってしまうものは、当然ですが**×**です。直訳した中で、**前後の文脈に合うものが正解**です。

では、一緒にやってみましょう。まず、重要句法があるかないかのチェックです。

えっと……出だしの「**豈不**」は134ページで学習しました！「**豈《あ》に～ずや**」と読む**詠嘆**か、「**豈に～ざらんや**」と読む**反語**です。これを踏まえて書き下し文の選択肢を確認すると、「豈に～ざらんや」と読んでいる選択肢はないので、「豈に～ずや」の読み方をしている④か⑤ですね。

そのとおり！　次に対句のような表現があるかどうか探してみましょう。

「懸」は選択肢①を利用すると「へだ（たる）」と読んでいるので、「相懸」と「相隔」が対句っぽいです。でも、④も⑤もここは同じように対句で訳せているので、この情報は使えないなぁ……。

後半「堂遠於千里、門深於九重」はどうですか？

あ！　ここも対句っぽいですね！　「名詞＋形容詞＋於」＋「千里」or「九重」で構成要素が同じです。ということは、④のように、間に「を以て」という読み方を挟むよりも、⑤のようにこの二つを読んでから、最後に「を以てならずや」と読んだほうが良さそうですね。⑤が正解候補ですね！

そういうことです。今回は、正解候補が一つに絞れましたので、あとは本文を読んでいくときに、該当箇所に差し掛かれば、⑤の書き下し文を無理やり訳してみて、文意がスラっと通るかどうかを確認しましょう。おそらくスラっと通るはずです。通れば正解、どうしてもおかしければ再考です。

問題にチャレンジしたときは難しくて焦ったのですが、こうやって解き方がわかると、希望が見えてきます。

そうですよね。ただ、句法や語順、対句などの決め手がなくて、無理やり訳して確認するのは、やはり練習を重ねて慣れていくしかないので、最初は少し手間取るかもしれませんし、苦手意識を持ってしまう人もいるかもしれません。ですが、よく出題される形ですので、過去問なども利用してたくさん練習してみてくださいね。

わかりました！

では、問1はひとまずここまでにしておいて、問2を見ていきます。設問文を読んだうえで、選択肢を横に見くらべると、「**君主が賢者と出会わないのは、～ためであり、賢者を求めるには～べきである**」がすべて共通していることがわかります。つまり、「君主が賢者と出会わない原因と、賢者を求めるにはどうすべきかを意識して読めばよい」ということがつかめました。【模擬答案】の出だし「人君《タル》者～其《ノ》用《ヲ》一。」と【予想問題】の「君《タル》者～其《ノ》用《ヲ》一。」は、ほぼ同じですよね。その部分の解釈はできますか？

「無《ク》レ不《ルハ》」と「罔《な》《シ》レ不《ルハ》」は二重否定ですよね。そして、選択肢から「君《タル》者」は「君主」、「賢」や「賢《ナル》者」は「賢者」だとわかります。よって、直訳は「君主が賢者を求めるのを思わないことはなく、賢者は用をいたそうと思わないことはない」だから、大筋は「君主は賢者を探そうと思っているし、賢者は自分の役目を果たそうと思っている」みたいな感じかな。そうすると、⑤「君主が賢者を受け入れない」はおかしいですね。それに、お互いが求めあっている感じがするので、②「君主と賢者の心が離れている」もおかしいはず。それ以外は、まだよくわからないな……。

よい感じですよ！ その調子です。ちなみに、【予想問題】のその続きの大筋は、「なのに、両方〔＝君主と賢者〕が出会わないのはどうしてか。（君主が）これ〔＝賢者〕を求めようとすると、その方法はどこにあるのか〔＝どうすればよいか〕」です。【模擬答案】の出だしの一文は、先ほど訳してくれたのと同じ内容を私は聞いた、となっていますね。次の「君《ハ》～而不レ得、臣《ハ》～而無レ由」の部分を読んだときに、何か気づきましたか？ あと、この「臣」の意味は何だと思いますか？

今、質問されるまで特に意識できていませんでしたが、ここは……対句ですね!? だとすると、「臣」は、この場合は一人称の「私」ではなくて、「君」と「臣」で対と考えて「君主」と「臣下」のはず！ 前半が「君主は賢者を求めても得られない」で、後半は「臣下は役に立とうとしても方法がない」ですね。次の「者」は、人物ではなく「～（の）は」という提示っぽいから……つまり、この後ろの傍線部分が「君主が賢者と出会えない原因」になっている可能性が高いですよね！

そのとおり。では、その肝心の傍線部、問1の確認をしましょう。先ほど、⑤を正解候補にしました。⑤の書き下し文「豈に貴賤相懸たり、朝野相隔たり、堂は千里よりも遠く、門は九重よりも深きを以てならずや」を注釈も使って、無理やりでよいので訳してみましょう。

「豈に～ずや」は「なんと～ではないか」と訳す詠嘆で、「**九重**」は「**宮廷**」、「**～を以て**」は**理由**か**手段**だから……「なんと高貴と賤しいものが隔たり、朝廷と民間が隔たり、君主が執務する場所は千里よりも遠く、王城の門は宮廷よりも深いのが理由ではないか」……みたいなのでいいですか？

十分です！　それが大体どういうことを言っているかはわかりますか？

うーん……身分が高い人と低い人、つまり、ここでは**君主と臣下・賢者の間には距離がありすぎる**、みたいな感じかな。

バッチリです。そして、それが、君主と賢者が出会わない原因なのです。それを踏まえて、残っている選択肢①・③・④を見くらべてみましょう。

君主と賢者のいる世界に隔たりがありすぎるから、君主は求めても賢者を手に入れられないんですよね。そうすると、①「採用する機会が少ない」や③「人材を見分けられない」のような採用回数や人材を見抜く力ではなく、そもそも賢者と隔たりがあって賢者を見ていないから④「見つけ出せない」という結論になりそう！　よって、問1の正解はやっぱり⑤で、問2の正解は④ですね？

お見事！　今回は選択肢の前半だけで解けてしまいますね。万一、今の直訳でも迷ってしまった場合は、後半の該当箇所を見つけて、正しい解釈をすれば、後半部分だけでも正解にたどりつけた問題でしたが、今回は、前半での解き方を取り上げました。後半だとしても、同じように、続きの漢文をきちんと読んで、選択肢を吟味するだけです。

たしかに、複数資料と言えども、**漢文を正しく読めるかどうかが大事なのは他の問題と同じですね。**

そうなのです！　よって、これまでに学習してきたことをしっかり復習して定着させてくださいね。

例題　設問の解答

問1　⑤　　問2　④

例題　書き下し文・現代語訳

書き下し文

【予想問題】

問《と》ふ、古《いにしへ》より以来《いらい》、君《きみ》たる者《もの》其《そ》の賢《けん》を求《もと》むるを思《おも》はざるは無《な》く、賢《けん》なる者《もの》其《そ》の用《よう》を効《いた》すを思《おも》はざるは罔《な》し。然《しか》れども両《ふた》つながら相遇《あひあ》はざるは、其《そ》の故《ゆゑ》は何《なん》ぞや。今之《いまこれ》を求《もと》めんと欲《ほっ》するに、其《そ》の術《じゅつ》は安《いづ》くに在《あ》りや。

【模擬答案】

臣聞《しんき》く、人君《じんくん》たる者《もの》其《そ》の賢《けん》を求《もと》むるを思《おも》はざるは無《な》く、人臣《じんしん》たる者《もの》其《そ》の用《よう》を効《いた》すを思《おも》はざるは無《な》しと。然《しか》り而《しかう》して君《きみ》は賢《けん》を求《もと》めんとして得《え》ず、臣《しん》は用《よう》を効《いた》さんとして由無《よしな》きは、豈《あ》に貴賤《きせん》相懸《あひへだ》たり、朝野《てうや》相隔《あひへだ》たり、堂《だう》は千里《せんり》よりも遠《とほ》く、門《もん》は九重《きうちよう》よりも深《ふか》きを以《もつ》てならずや。

現代語訳

【予想問題】

問う、昔から以降、君主で賢者を求めようと思わない者はなく、賢者で君主の役に立ちたいと思わない者はいない。それなのに両方ともが出会わないのは、その理由はどうしてか。今（君主が）これ〔＝賢者〕を求めようとすると、その方法はどこにあるのか。

【模擬答案】

私は聞いています、「君主で賢者を求めようと思わない者はなく、臣下で君主の役に立ちたいと思わない者はいない」と。それなのに、君主が賢者を求めようとしても得られず、臣下が君主の役に立とうとしても方法が無いのは、身分の貴賤で隔たりがあり、朝廷と民間で隔たりがあり、君主が執務する場所は千里よりも遠く、王城の門は宮廷よりも深く離れているからではないか。

ここまで本当によく頑張りましたね！　復習してきちんと定着させたら、過去問などでたくさん問題演習を重ねてくださいね。漢文が得点源になるように、そして、志望校に合格できるように、心から応援しています！

メ モ 欄

メ モ 欄

岡本 梨奈（おかもと　りな）

　大阪府出身。リクルート運営のオンライン予備校「スタディサプリ」講師。同予備校にて古典（古文・漢文）のすべての講義を担当。自身が浪人時代に、それまで苦手だった古典を克服して得点源の科目に変えられたからこそ、苦手な人がどこでつまずきやすいかを熟知。その経験にもとづいたわかりやすい解説で、全国の受講生から感動・感謝の声続出。

　大阪教育大学に進学し、教養学科芸術専攻音楽コース（ピアノ科）を卒業。中学・高校の音楽教員免許を取得するも、「学ぶ楽しさ」を最優先で考えた結果、3歳から始めたピアノではなく、受験期に自身が「楽しむ」経験を最も強く感じることができた古典の指導に進むことを決意。古文の猛勉強により新卒で予備校講師となり、20代から映像授業に多数出演。

　著書に、『岡本梨奈の　1冊読むだけで古文の読み方＆解き方が面白いほど身につく本』『岡本梨奈の　1冊読むだけで古典文法の基本＆覚え方が面白いほど身につく本』『岡本梨奈の　1冊読むだけで古文単語＆古文常識が面白いほど身につく本』（以上、KADOKAWA）などがある。

改訂版《かいていばん》　岡本梨奈《おかもとりな》の　1冊読《さつよ》むだけで

漢文《かんぶん》の読《よ》み方《かた》＆解《と》き方《かた》が面白《おもしろ》いほど身《み》につく本《ほん》

2023年８月29日　初版発行
2024年10月30日　３版発行

著者／岡本《おかもと》 梨奈《りな》

発行者／山下 直久

発行／株式会社KADOKAWA
〒102-8177　東京都千代田区富士見2-13-3
電話　0570-002-301（ナビダイヤル）

印刷所／株式会社加藤文明社
製本所／株式会社加藤文明社

●お問い合わせ
https://www.kadokawa.co.jp/（「お問い合わせ」へお進みください）
※内容によっては、お答えできない場合があります。
※サポートは日本国内のみとさせていただきます。
※Japanese text only

定価はカバーに表示してあります。

ISBN 978-4-04-606403-5　C7081